ANTIPHON UND APOLLODOROS

TEXTE ZUR FORSCHUNG

Band 84

ANTIPHON,
GEGEN DIE STIEFMUTTER
UND APOLLODOROS,
GEGEN NEAIRA
(DEMOSTHENES 59)

FRAUEN VOR GERICHT

Eingeleitet, herausgegeben
und übersetzt von
KAI BRODERSEN

WISSENSCHAFTLICHE BUCHGESELLSCHAFT

Einbandgestaltung: Neil McBeath, Stuttgart

Für meinen rechtskundigen Bruder Kilian

Die Deutsche Bibliothek verzeichnet diese Publikation
in der Deutschen Nationalbibliografie;
detaillierte bibliografische Daten sind im Internet über
http://dnb.ddb.de abrufbar.

© 2004 by Wissenschaftliche Buchgesellschaft, Darmstadt
Gedruckt auf säurefreiem und alterungsbeständigem Papier
Printed in Germany

Besuchen Sie uns im Internet: www.wbg-darmstadt.de

ISBN 3-534-17997-8

INHALT

VORWORT

Hat eine Frau ihren Mann absichtlich durch eine Überdosis Liebestrank umgebracht? Lebt eine alternde Hetäre widerrechtlich in
Ehegemeinschaft mit ihrem Partner, einem Bürger von Athen?
Zwei ungewöhnliche Prozesse aus dem antiken Athen werden in
diesem Band vorgestellt. Ungewöhnlich sind sie in ihrem Anlaß,
ungewöhnlich aber auch darin, daß hier jeweils Frauen vor Gericht stehen.

Frauen nämlich waren nach antikem griechischen Rechtsverständ-
nis nicht "rechtsmündig", sondern mußten sich vor Gericht von
einem Vormund vertreten lassen. Die Gerichtsreden, die aus dem
antiken Athen erhalten sind, betreffen wohl auch deshalb allesamt
– mit Ausnahme der beiden hier präsentierten Reden – Männer.
Über hundert solcher Reden sind aus dem Jahrhundert zwischen
420 und 320 v.Chr. überliefert, von insgesamt zehn verschiedenen
Urhebern, die man als die "Zehn Attischen Redner" bezeichnet:
Aischines, Andokides, Antiphon, Deinarchos, Hypereides, Isaios,
Isokrates, Lykourgos, Lysias und – als weitaus berühmtester –
Demosthenes.

An den Anfang jenes Jahrhunderts, in die Jahre zwischen 420 und
411 v.Chr., führt uns die von Antiphon, Sohn des Sophilos, aus
dem attischen Demos Rhamnous (um 480 – 411 v.Chr.) geschriebene *Rede gegen die Stiefmutter*, in die Nähe des Endes die *Rede gegen
Neaira*, die zwischen 343 und 340 v.Chr. gehalten wurde. Diese
Rede, die erst von Theomnestos, dann zum Großteil von Apollodoros, dem Sohn des Pasion, aus dem attischen Demos Acharnai
(394/93 – um 340 v.Chr.) vorgetragen wurde, ist zwar unter dem
Namen des berühmten Redners Demosthenes (384/83 – 322
v.Chr.) überliefert und hat im Corpus seiner Reden die Nummer
59, ähnelt aber in ihrem Stil so sehr fünf weiteren von Apollodoros vorgetragenen Reden in diesem Corpus (46 *Rede gegen
Stephanos II*, 49 *Rede gegen Timarchos*, 50 *Rede gegen Polykles*, 52 *Rede*

gegen Kallipos und 53 *Rede gegen Nikostratos*), daß man schon in der Antike Apollodoros selbst als Urheber dieser Reden – also auch der *Rede gegen Neaira* – angesehen und ihn neuerdings einmal als "Elften Attischen Redner" bezeichnet hat.

Zwei ungewöhnliche Reden also – eine des Antiphon, eine des Apollodoros – werden in diesem Band vorgestellt. Angeklagt sind in beiden Fällen Frauen, und zwar von Männern: Wegen Giftmords wird eine Frau von ihrem Stiefsohn angeklagt, wegen einer illegalen Ehegemeinschaft eine Frau mit Namen Neaira von einem alten Feind ihres Partners Stephanos. Im Falle eines Freispruchs der Angeklagten drohte den Anklägern allenfalls eine Geldbuße, im Falle einer Verurteilung hingegen den Angeklagten weit mehr: der Stiefmutter der Tod, Neaira die Versklavung.

Zu ihrer Verteidigung sprechen konnten die Frauen selbst aber nicht, da sie vor Gericht von einem Vormund vertreten werden mußten. Freilich sind die Verteidigungsreden ohnehin nicht erhalten, allerdings nehmen beide Anklagereden auf sie Bezug: Der Ankläger der Stiefmutter erwartet eine Verteidigungsrede zugunsten der Frau von seinem Halbbruder, der Ankläger Neairas eine von Stephanos.

Beide Reden bieten ein farbiges und höchst aufschlußreiches Bild der Lebenswelt im antiken Athen – und zumal der Lebenswelt von Frauen. Da ist die in zweiter Ehe verheiratete Frau, die sich mit der Konkubine eines Freundes ihres Mannes verbündet: Jene hatte die Liebe ihres Partners verloren, die Frau die ihres Mannes, und beide nehmen gemeinsam Zuflucht zu einem Aphrodisiakum, das sie den Männern verabreichen wollen – geben ihnen dann allerdings eine Überdosis, an der die Männer sterben. Und da ist die alternde Hetäre Neaira, die schon als Kind, als Sklavin einer Bordellwirtin, prostituiert wurde, mit wechselnden Partnern teils noch als Sklavin, teils als Selbständige ein Gewerbe als Hetäre ausübte und einige Berühmtheit erlangte – und die nun, über fünfzig Jahre alt, mit einem athenischen Bürger in einem gutbürgerlichen Haushalt lebt, in dem sie mehrere Kinder großgezogen hat und nach wie vor mehrere Sklavinnen beschäftigt, allerdings jetzt selbst mit der erneuten Versklavung bedroht ist.

Als historische Quellen sind beide Reden freilich mit der gebührenden Umsicht heranzuziehen: Zunächst gilt für diese wie für alle antiken Gerichtsreden, daß es das Ziel der Redner war, die mehreren hundert Laien, die den jeweiligen Fall im Volksgericht zu entscheiden hatten, für die eigene Sicht auf den Fall zu gewinnen. Dafür war fast jedes Mittel recht, auch wenn es nicht gerecht war: Juristen kannte man in Athen nicht, und es ging auch nicht um eine strenge Auslegung von Rechtsgrundsätzen. Ob das vom Redner Gesagte für eine angemessene Würdigung des Falls überhaupt relevant war, ob Gesetze zitiert oder Zeugen und Zeugnisse vorgeführt wurden oder nicht, ob während der Rede Angekündigtes dann auch verwirklicht wurde – all das blieb allein dem Redner überlassen. Rückfragen konnten weder seine Prozeßgegner noch die Richter stellen, und in der Kürze der Zeit – das Urteil erging unmittelbar nach den Plädoyers der Prozeßführenden – war die Wahrheit einzelner Aussagen ohnehin nicht zu überprüfen.

Hinzu kommt im Falle der *Rede gegen Neaira*, daß die Authentizität der mit dem Text der Reden überlieferten Beweismittel in der Forschung umstritten ist. Es gibt nämlich Abschriften einer sog. "stichometrischen" Ausgabe der Rede, in der jede hundertste Zeile mit einem griechischen Buchstaben markiert war; zwar ist diese Ausgabe verloren, doch sind die Buchstaben bei späteren Abschriften als Bestandteile des Textes mitkopiert worden. Ihre Verteilung im Text legt nahe, daß die "stichometrische" Ausgabe die Beweismittel *nicht* bot, sei es, daß sie dort gestrichen worden waren, sei es, daß sie in anderen Ausgaben erst aus dem Kontext erschlossen und dann in den Text eingefügt wurden – und folglich nicht authentisch sind.

Dennoch kommt der *Rede gegen Neaira* wie auch der *Rede gegen die Stiefmutter*, nutzt man sie kritisch, sehr große Bedeutung als historische Quellen zu, auch und gerade für die modernen Fragen zum antiken Athen und insbesondere zur Lebenswelt der Frauen. Dies zeigt sich nicht zuletzt in dem großen Interesse, das neuerdings die Fachwelt und die Öffentlichkeit den Reden entgegenbringen. So liegen zur Detail-Interpretation moderne wissenschaftliche Kommentare in englischer Sprache vor, und zwar zu Antiphons *Rede gegen die Stiefmutter* von Michael Gagarin (1997), zu Apollodoros' *Rede gegen Neaira* von Christopher Carey (1992) und von Konstantin Kapparis (1999). Eine erneute Detail-Kommentierung der Reden wäre daher derzeit nicht zu rechtfertigen gewesen; dafür bietet das vorliegende Buch eine systematische Einleitung in die Lebenswelt der Reden, die das Verständnis der beiden antiken Texte erleichtern will. Für die *Rede gegen Neaira* liegt zudem seit 2003 ein zu Recht vielgerühmtes Buch von Debra Hamel vor, das nun auch auf deutsch erschienen ist: *Der Fall Neaira: Die wahre Geschichte einer Hetäre im antiken Griechenland* (Darmstadt 2004).

Eine zweisprachige griechisch-deutsche Ausgabe der beiden Reden fehlte bislang völlig, und selbst die letzten Übersetzungen ins Deutsche stammen aus den Jahren 1908 für Antiphon und 1841 für Apollodoros (Demosthenes). Beide alten Übersetzungen sind nicht nur schwer erhältlich, sondern vor allem in mehrfacher Hinsicht überholt – von der seinerzeit verwendeten, seither veralteten Textgrundlage über den heute besseren Forschungsstand zur Lebenswelt der Reden bis hin zum geänderten Sprachempfinden. Der vorliegende Band will diesem Mangel abhelfen. Im griechischen Lesetext stehen notwendige (und deshalb mitübersetzte) Ergänzungen in spitzen, Tilgungen (die nicht übersetzt werden) in geschweiften Klammern. Die spätantiken Anmerkungen (die sog. Scholien; s. S.151) werden als Fußnoten wiedergegeben. Griechische Schlüsselbegriffe werden in der Übersetzung in Transkription geboten. Hochgestellte Buchstaben und Zeichen verweisen auf die systematische Einleitung (S.11ff.) bzw. die Kartenskizzen (S. 148f.); im Anhang finden sich ferner Hinweise zur weiterführenden Lektüre. Insgesamt wollen Einleitung, Lesetext und Übersetzung im vorliegenden Band modernen Leserinnen und Lesern eine eigene Deutung der beiden ungewöhnlichen Fälle ermöglichen, in denen im antiken Athen Frauen vor Gericht standen.

Für Rat und Hilfe danke ich meiner lieben Frau Christiane sowie Harald Baulig, Gertraude Brodersen, Martin Dreher und Hatto H. Schmitt und meinen Mannheimer Kolleginnen und Kollegen. Gewidmet sei dei Arbeit meinem rechtskundigen Bruder Kilian.

Universität Mannheim, im Sommer 2004   *Kai Brodersen*

EINLEITUNG:
FRAUEN VOR GERICHT

1. Die Lebenswelt der Reden

Wie im Vorwort (S.10) erklärt, will das vorliegende Buch mit einer systematischen Einleitung in die Lebenswelt der Reden das Verständnis der beiden antiken Texte erleichtern. Die nachstehende Einleitung ist in 26 mit den Buchstaben von A bis Z gekennzeichnete Teile gegliedert, die in Form hochgestellter Buchstaben sowohl für die Querverweise innerhalb der Einleitung als auch für die Hinweise auf diese Einleitung in der Übersetzung der Reden Verwendung finden. Alle Namen von Regionen und Orten außerhalb Attikas sind mit einem hochgestellten Quadrat[□] markiert und in die Kartenskizzen (S.148f.) eingetragen. Auf die *Rede gegen die Stiefmutter* verweist ein fettgedrucktes **A**, auf das unmittelbar die Nummer des Redeabschnitts folgt (etwa **A14**), auf die Abschnitte der *Rede gegen Neaira* verweisen nur fettgedruckte Zahlen (etwa **23**).

Der Stadtstaat Athen

A Die *Rede gegen die Stiefmutter* wurde zwischen 420 und 411 v.Chr. in Athen[□] auf dem Areopag gehalten, die *Rede gegen Neaira* zweieinhalb Generationen später, zwischen 343 und 340 v.Chr., im Gerichtsgebäude auf der Agora von Athen. Beide Reden nehmen auf Athen meist ohne Ortsnamen als "die Stadt" oder "hier" Bezug **A14; 23, 24, 33, 37-38, 67, 71, 103**. An noch heute bekannten Stätten in Athen werden die Akropolis mit der Statue der Göttin Athene **105** und die Agora **123** genannt, also der vielbesuchte Marktplatz unmittelbar nördlich der Akropolis. Am westlichen Rand der Agora lagen das Gerichts- und das Ratsgebäude (*bouleuterion*), in dem der Rat (*boulé*)[P] tagte **27**, am Nordrand die *Stoa Poikile* ("Bunte Säulenhalle") mit ihren Gemälden **94**. Im Westen der Akro-

polis lagen der Areopag[P] und, noch weiter westlich, der Pnyx-
Hügel, auf dem die Volksversammlung[E] stattfand (bei wichtigen Abstimmungen wurden die meisten Zugänge mit Absperrungen versehen **90**, damit man sicherstellen konnte, daß
durch die verbleibenden Zugänge nur stimmberechtigte Bürger die Pnyx betraten). Im Südosten der Akropolis lag – öst-
lich neben dem Dionysos-Theater – das Odeion[X] ("Musik-
gebäude") **52, 54**, das ebenfalls als Gerichtssaal fungieren
konnte. Heute unbekannt ist die – den antiken Zeitgenossen
noch wohlvertraute – Lage des Palladion **9**, der Statue des
Flüsternden Hermes **39** und des Dionysos-Heiligtums "bei
den Sümpfen" **76**. Noch zum Staatsgebiet Athens, das auch
Attika[□] genannt wurde und etwa die Größe des Saarlands hatte, gehörten auch das Vorgebirge Kolias an der Bucht von
Phaleron[G] **33**, Eleusis[G] mit seinem Demeter-Heiligtum[M] in
West-Attika und Marathon[G] an der Ostküste. Zum Staatsgebiet Athens gehörten außerdem zur Sicherung der Seeroute
ins Schwarze Meer angelegte Außenbesitzungen in der Ägäis
3, die Philipp II. von Makedonien 352/51 v.Chr. bedrohte[C].
Diese sind – wie alle anderen Namen von Orten und Regionen außerhalb Attikas – mit einem hochgestellten Quadrat[□]
markiert und in die Kartenskizzen (S.148f.) eingetragen.

Aus der Geschichte Athens

B Während die kurze *Rede gegen die Stiefmutter* kaum historische
Bezüge bietet, erwähnt die *Rede gegen Neaira* aus der mythi-
schen Frühgeschichte Athens, daß die Polis (der Stadtstaat,
im folgenden der Einfachheit halber: der Staat) seit jeher von
"Ureinwohnern" (*autochthones*) bewohnt gewesen sei **74**, also
anders als die meisten griechischen Gemeinden nicht erst zu
einem bestimmten historischen Zeitpunkt gegründet und be-
siedelt worden sei. Zunächst habe ein König (*basileus*) mit seiner Königin **74** über eine Gemeinde geherrscht, von der manches aristokratische (*kalos kagathos* **A14**; **117**) Genos (Sippe)[H]
noch immer bekannt sei, etwa die Brytiden **59, 61**, Eumolpiden **117** und Koironiden **72**. Die im Mythos genannte Zusam-
mensiedlung (*synoikismos*) der Umwohner in die Stadt durch

den Staatsgründer Theseus habe zugleich die Einführung der
Demokratie mit sich gebracht **75**, die noch immer die gültige
Staatsform sei und in der dem *basileus* mit seiner Gattin, der
basilinna^Q, und manchem Genos^H **104** nurmehr bestimmte
Vorrechte in der Rechtsverwaltung und Kultausübung zukä-
men. Aus der weiteren Geschichte Athens führt die *Rede gegen
Neaira* die Perserkriege an, in denen zunächst im Jahr 490
v.Chr. der Perserkönig Dareios und seine von Datis geführte
Armee von den Athenern und den mit ihnen verbündeten
Plataiern$^\Box$ in der Schlacht von Marathon$^\Box$ abgewehrt wurden
94. Beim zweiten Perserzug 480 v.Chr. unter dem Perserkönig
Xerxes und seinem Feldherrn Mardonios vermochten der
Heldentod des Leonidas und der Spartaner$^\Box$ (nicht aber, wie
95 behauptet wird, der Plataier$^\Box$) bei den Thermopylen$^\Box$ sowie
die Seeschlacht am Kap Artemision$^\Box$ den Feind zwar nicht
aufzuhalten, doch sicherten schließlich die Seeschlacht von
Salamis$^\Box$ und die Landschlacht von Plataiai$^\Box$ (479 v.Chr.) die
Freiheit der Griechen **95-96**. Der Sieg wurde u.a. in einem
Monument in Delphi$^\Box$ gefeiert **96-98**, nachdem es gelungen
war, den Anspruch eines spartanischen Königs (die Mischver-
fassung Spartas$^\Box$ kannte als monarchisches Element ein Dop-
pelkönigtum, bei dem die beiden Könige aus je einem adligen
Genos^H stammen mußten **96-98**) auf öffentliche Ehrungen
zugunsten der Gemeinschaft der Griechen zu mindern.

C Der Überfall des mit Sparta$^\Box$ verbündeten Theben$^\Box$ auf das
seit langem mit Athen verbündete boiotische Plataiai$^\Box$ am
Asopos-Fluß **99** im Jahr 431 v.Chr. **98-100** war ein Vorbote
für den sog. Peloponnesischen Krieg (431-404 v. Chr.) zwischen Athen$^\Box$ mit seinen im "Attischen Seebund" Verbündeten einerseits und Sparta$^\Box$ mit dem "Peloponnesischen Bund"
101 andererseits; auch die lange (**102** allerdings mit zehn
Jahren weit übertrieben dargestellte) Belagerung von Plataiai$^\Box$
durch die Spartaner unter ihrem König Archidamos 429-427
v.Chr. **101-103** gehört in diesen historischen Zusammenhang,
den Apollodoros offenbar dem Geschichtswerk des Thukydides (Buch 2-3) entnimmt. Theben und seine im "Boioti-
schen$^\Box$ Bund" unter einem *boiot-archos* ("Boioter-Oberer" **99**)
zusammengeschlossenen Verbündeten gehörten zu den 'Mit-

telmächten', die nach dem für Athen verlustreichen Ende des Peloponnesischen Krieges an Bedeutung gewannen: Athen erscheint hier zunächst als Gegner Spartas□, mit dem es 378-375 v.Chr. und erneut 373-371 v.Chr. Krieg führte **35-36**. Nach dem Sieg Thebens□ über Sparta in der Schlacht bei Leuktra□ 371 v. Chr. **37** leistete freilich Athen 369 v.Chr. Sparta gegen weitere Übergriffe Thebens Hilfe **27**.

D Zur Zeit der *Rede gegen Neaira* selbst war eine neue Macht am griechischen Horizont erschienen: das Königreich Makedonien□. Philipp II., der Vater des später so bedeutenden Alexander d.Gr., belagerte 349/48 v.Chr. das mit Athen verbündete Olynthos□ auf der Chalkidike **3-4**. Die Gefahr, die er für die griechischen Staaten bedeutete, hatte Apollodoros' berühmter Zeitgenosse Demosthenes (s. S.29) vorhergesehen (er erscheint **123** als Zeuge[Y]). Wie der Redner und seine Hörer noch nicht wissen konnten, sollte Philipp II. in der Tat wenige Jahre später der Freiheit der Staaten Griechenlands in der Schlacht von Chaironeia□ 338 v.Chr. ein Ende bereiten.

kyrioi und Bürger

E Im Athen des 5. und 4. Jahrhunderts v.Chr. wohnten freie Bürger, ansässige Fremde (*metoikoi*) und Sklaven beiderlei Geschlechts. Männliche Bürger und Fremde ("Ausländer") waren "Herren ihrer selbst" (*kyrioi*); wer in Gefangenschaft war, konnte nicht *kyrios* sein **66, 71**. Sklaven und Kinder, aber auch verehelichte freie Bürgerinnen unterstanden dem Vorstand ihres Haushalts (der deshalb, etwa bei gesetzwidrigen Ehen[I], auch selbst als schuldig galt **16**). Der Mann vertrat als *kyrios* seine Frau vor Gericht **52**; einzig eine freie Fremde konnte ihre eigene *kyria* sein **46**, brauchte aber – wie alle in Athen ansässigen Fremden – vor Gericht ebenfalls einen "Schutzherren" (*prostates*) **37**. In der Volksversammlung[N] auf der Pnyx[A] traten alle *kyrioi*, alle freien männlichen Bürger, zusammen **90**; gemeinsam waren sie als Volk (*demos*) dann auch *kyrios* u.a. über die Staatsfinanzen[T] **4** und über die Verleihung

des Bürgerrechts[F] **13, 89, 93**, ja sie waren sogar im Superlativ
kyriotatoi **88**. Die als Richter fungierenden *kyrioi* waren ihrer-
seits als Gericht *kyrios* über Freispruch oder Bestrafung **12,
80, 109**. Auch von Verträgen **46** und Gesetzen **112-113** konnte
man sagen, daß sie *kyrios* oder wiederum *kyriotatoi* waren **92**.

F Seit dem 451/50 v.Chr. unter Perikles eingeführten und später mehrfach revidierten Bürgerrechtsgesetz galt nur als Bürgerin oder Bürger Athens, wer von einem Bürger-Ehepaar
abstammte, also Kind einer Bürgerin und eines Bürgers war,
die in einer rechtsgültigen Ehe[I] miteinander verheiratet waren.
Bürger konnte man ferner – in seltenen Fällen – durch Frei-
lassung aus dem Sklavenstand oder durch eine von der Volksversammlung[E] beschlossene Verleihung des Bürgerrechts
werden **2, 13, 88-93**; "Wohlwollen" (*eunoia*) **104** und erwiesene
"Wohltaten" (*euergesiai*) für das Volk waren hierbei von Vorteil **2, 89, 93**. Diese Vergabe der bürgerlichen Rechte (*epitimia*
104) war eine hohe Ehre und ein "Geschenk" **2, 13, 89-91, 93,
105, 107**, der Verlust dieser Rechte (*atimia*) – der auch Staatsschuldner traf – eine harte Strafe[Z].

G Alle Bürger Athens gehörten einem Demos (einer Gemeinde)
an (oder wurden, so ihnen das Bürgerrecht erst verliehen wurde, einem solchen zugewiesen: **13, 104**). Attika[□], das Staatsgebiet Athens, war in 139 solcher Demen eingeteilt (nicht von
allen Demen ist die genaue Lage bekannt), die alle je einer der
zehn Phylen (Stämme) zugeordnet waren **104**. Zum vollen
Namen eines Bürgers gehörte der Vatersname und der Name
des Demos. Die *Rede gegen Neaira* erwähnt daher viele attische
Demen, so Acharnai **45, 47**, Aigilia **50, 54, 61, 123**, Aixone **25,
33**, Alopeke **25, 45, 47, 123**, Aphidna **9, 43**, Athmonon **28**,
Eleusis[M] **39**, Erchia **84**, Eroiadai **40, 61**, Hekale **61**, Keiriadai
40, Kephale **61, 71**, Kephisia **40**, Kerameis **48**, Kolonos **22-23**,
Kydantidai **79**, Kydathenaion **34, 123**, Lakiadai **61**, Lamptrai
45, 47, Marathon[B] **94**, Melite **32, 48, 58**, Paiania **30, 123**,
Phaleron **40, 61**, Probalinthos **48, 123** und Xypete **34**; die *Rede
gegen die Stiefmutter* erwähnt den Demos Peiraieus (Piräus) mit
dem Hafen **A16**.

H Eine zentrale Erfassung der Bürger Athens gab es nicht, vielmehr wurden überlebende Kinder mit etwa vier Jahren dem jeweiligen Genos (der Sippe) **55, 59-63** und Genos-Verband der Phratrie ("Bruderschaft") vorgestellt (es gab deren gut hundert) **13, 38, 55, 59, 118** und bei Erreichen der Volljährigkeit (oder Verleihung des Bürgerrechts[F]) in die Listen des jeweiligen Demos[G] und des Demos-Verbands der Phyle[G] **104** eingetragen. Nötigenfalls gab es damit genug Zeugen für oder gegen den Bürgerstatus eines Menschen **55**.

Frauen und Kinder

I Wie in allen vorindustriellen Gesellschaften waren auch im antiken Athen Kinder als Garanten der Zukunft von Staat und Individuum von größter Bedeutung, Kinderlosigkeit gefürchtet **57**. Rechtsgültige Ehen sollten diese Zukunft garantieren **122**. Zum Erhalt des Familienvermögens im *oikos* (dem Haushalt der Sippe) waren Ehen zwischen Verwandten unanstößig **2, 22, 119**; so konnte etwa bei einer Ehe zwischen Onkel und Nichte der eigene Schwager (Mann der Schwester) zugleich Schwiegervater (Vater der Ehefrau) sein – was im Griechischen mit ein und demselben Wort, *kedestes*, ausgedrückt wird **1, 12**. Bei Kinderlosigkeit bestand die Möglichkeit der Adoption **56-60**. Die von den Familienoberhäuptern arrangierte rechtsgültige Verlobung und Hochzeit, bei der man von der Familie der Braut eine Mitgift erwartete (die im Falle einer Scheidung an die Frau zurückfiel) **8, 50-53, 62, 69-71, 112-113**, wurde unter Aussprechen einer besonderen Formel vor Zeugen gefeiert und durch das für alle erkennbare Zusammenwohnen deutlich (der griechische Begriff *synoikein*, "ein gemeinsames Haus – *oikos* – haben" wird deshalb im vorliegenden Band mit "in Ehegemeinschaft leben" übersetzt). Entsprechend wurde eine Scheidung durch die Auflösung der Wohngemeinschaft erkennbar – sei es, daß der Mann die Frau verstoßen hatte **51-56, 59, 63, 82-84, 86** oder daß die Frau geflohen war **35**.

J   Frauen und Kinder unterstanden dem Mann, der als Famili-
enoberhaupt die Rechtsgewalt über sie hatte (ihr *kyrios*[E] war).
Schlief jemand ohne das Wissen oder gegen den Willen des
kyrios mit dessen Gattin, Tochter oder einer anderen Frau,
deren *kyrios* er war, und wurde dabei in flagranti ertappt, so
galt der Verführer oder Vergewaltiger als *moichos* (der moderne Begriff "Ehebrecher" schränkt die Breite des antiken
Begriffs ein) und konnte vom betroffenen *kyrios* festgenommen und mißhandelt, ja straflos getötet **41, 65-67, 71-72, 85-
87, 110** sowie bei Verurteilung hart bestraft werden **66**. Neben
der als vorwiegend im Hause wirkend dargestellten Ehefrau
110, 122 hatte mancher Athener eine Konkubine (*pallake*)
A14-A20; 118, **122** ("für die täglichen Dienste an unserem
Körper"), ohne daraus ein Hehl zu machen (die aus Rach-
sucht auf eine Konkubine zur Gattenmörderin gewordene
mythische Figur Klytaimnestra ist ein schauriges Gegenbild
zu den Erwartungen an die Ehefrauen **A17**). Hetären (*hetairai*)
boten Männern gegen Geld anregende Unterhaltung für Geist
und Körper **13, 24, 25, 28, 30, 37, 39, 48, 49, 107, 112-113,
116, 118, 119, 122**, während gewöhnliche Huren (*pornai*) – die
Unterschiede zu den Hetären waren nicht immer klar und
werden in der *Rede gegen Neaira* bewußt verwischt **112-114** – ihr
zwar geringgeachtetes, aber ganz legales (und laut Aischines
1,119 mit einem *pornikon telos*, einer Huren-Steuer belegtes)
"Gewerbe" ausübten (das Aischines ebd. 124 mit denen des
Arztes, Schmieds, Gerbers und Zimmermanns vergleicht). Sie
standen zur "Benutzung" **29, 33, 47, 70-71, 108** oft in Abhän-
gigkeit von einem Zuhälter **30, 67-68** oder einer Bordellwirtin
wie Nikarete **18-25, 29, 108, 118** und arbeiteten teils an beliebigen Orten, teils in einem "Gewerbebetrieb" (*ergasterion* **67**),
eben einem Bordell (*porneion* **A14**).

Götter und Feste

K   Der Staat beruhte nicht zuletzt auf der religiösen Ehrfurcht,
der "Pietät" (*eusebeia*) aller Menschen **A5; 73, 75-76, 80, 92**,
denn von den Göttern erwartete man Schutz und Heil für
Individuum und Staat. Frevel gegen die Götter (*asebeia*) war

deshalb (wie aus dem Prozeß gegen den Philosophen Sokrates allgemein bekannt ist) ein strafbares Verbrechen und ein harter Vorwurf gegen einen Prozeßgegner **12-13, 43, 74, 77, 82, 86, 107, 109, 116-117, 126**.

L Dem Götterdienst dienten in Athen auch die großen Feste, so zu Ehren der Göttin Athene die Großen Panathenäen, die von der ganzen Stadt und vielen Gästen begangen wurden **24**, zu Ehren des Gottes Dionysos die wohl von manchem Genos[H] gefeierten *Theoinia* **78** und die von Kultverbänden begangenen *Iobakcheia* **78,** vor allem aber die *Anthesteria*, zu denen eine Vielzahl geheimer Opfer und Riten gehörte – darunter eine "Heilige Hochzeit", in der sich der (wohl vom *basileus* repräsentierte) Gott rituell mit der *basilinna*[Q] vereinigte **73, 76, 110**. Als Helfer beim Dionysos-Kult fungierten der *hierokeryx* ("Verkünder des Heiligen") **78** und die *gerarai* ("Alten Frauen") **73, 78-79**. Kleinere Opferfeste fanden in privaten Haushalten statt, etwa für Zeus Ktesios ("den Schutzherrn des Besitzes") **A16-A18**, oder aber auf dem Land **65**. Einen (kleinen) Teil des Fleischs der Opfertiere reservierte man für die Götter, den (großen) Rest gab es für die Opfernden und ihre Gäste zum Essen **A16-A18**, und auch vor einem Trunk brachte man einen kleinen Teil des Getränks den Göttern als Trankspende dar, bevor man den Becher leerte **A18-A20**.

M Eleusis[□], ein Demos[G] Athens in West-Attika, war ein Zentrum des Kults für Demeter und ihre Tochter Kore (Persephone); oberster Priester war hier der *hierophantes*, der aus einer der alten aristokratischen Familien – dem Genos[H] der Eumolpiden[B] – stammen mußte **116-117**. Neben Festen wie den *Haloa* **116** hatten vor allem die eleusinischen Mysterien Bedeutung, deren Inhalte geheim waren (und daher bis heute unbekannt sind). In sie konnten sich Menschen jeder Herkunft und aller Gruppen – Männer und Frauen, Freie und Sklaven – einweihen lassen, sofern sich ein bereits Eingeweihter dazu verpflichtete **21, 23**. Delphi[□] in Mittelgriechenland war das Zentrum des von allen Griechen ausgeübten Apollon-Kults, zu dem ein Orakel, aber auch die – im Wechsel mit den Olympischen Spielen gefeierten – Pythischen

Spiele gehörten **33**. Das von einem Bund verschiedener Staaten, der Amphiktyonie, geleitete Heiligtum **98** eignete sich als vielbesuchtes Kultzentrum auch zur Propagierung eigener oder gemeinsamer Erfolge griechischer Staaten **97**.

Die Verfassung Athens

N Athen war ein demokratisch verfaßter Staat. Eine geschriebene Verfassung gab es nicht, doch sind aus anderen Quellen die Staatsorgane wohlbekannt. Deren einflußreichstes war die Volksversammlung[E], die Versammlung aller freien Bürger (*kyrioi*)[E], die alle wichtigen Entscheidungen traf, darunter die Vergabe des Bürgerrechts[F] und die Zuweisung finanzieller Ressourcen[T]. Die Entscheidung der Volksversammlung wurde durch eine offene Abstimmung (*dia-cheirotonia*, Handzeichen **4-5, 75**) oder eine geheime Abstimmung mittels *psephoi* (Stimmplättchen, die es unmöglich machten, das Abstimmungsverhalten des einzelnen zu erkennen **89**) gefällt; mit Bezug auf diese Art der Abstimmung heißen die Beschlüsse der Volksversammlung *psephismata* **2, 5, 13, 104, 106**. Vom Volk beschlossene oder – so im 4. Jahrhundert – von *nomothetai* ("Gesetzgebern") erlassene Gesetze (*nomoi* **117, 126**) regelten etwa das Fremdenrecht **15-16, 52** oder die Strafverfolgung eines *moichos*[J] **87**.

O Für die meisten staatlichen Gremien und Ämter, für die eine Auswahl notwendig war, galt das Prinzip, daß jeder Bürger grundsätzlich für jedes Staatsamt befähigt sei. Fast alle Ämter im Staat wurden daher durch Auslosung besetzt **3, 72** (eine Ausnahme von diesem Prinzip wurde beim kriegswichtigen Amt der Strategen gemacht), wobei die Kandidaten sich in der Regel einer Überprüfung ihrer Integrität (*dokimasia*) zu stellen hatten **3, 72, 105-106**. Das größte durch Auslosung besetzte Gremium war das Volksgericht[U].

P Seit dem Niedergang des alten Adelsrats auf dem Areopag im 5. Jahrhundert, der nurmehr als Versammlung vormaliger Mitglieder der Gruppe der Neun Archonten[Q] ("Oberen") fortbestand und das für Mordfälle an Bürgern zuständige Gericht[X] bildete, war das zentrale Gremium Athens der "Rat der Fünfhundert" (*boulè*) **3**, dessen Mitglieder – je 50 aus jeder der 10 Phylen[G] – ausgelost waren; jede Phyle stellte im Wechsel für ein Zehntel des Jahres die sog. Prytanie[R], den Vorsitz im Rat. Ratsherren hatten die *dokimasia*[O] zu bestehen und einen Eid zu leisten, daß sie dem Staat stets "zum Besten raten" würden **3-4**. Der Einfluß des Rats, der im *bouleuterion*[A] tagte, bestand u.a. in seiner Befugnis, der Volksversammlung[N] zu jedem Thema einen Beratungsvorschlag (*probouleuma*) zu unterbreiten **4**.

Q Die eigentliche Geschäftsführung des Staats lag bei den je für ein Jahr tätigen Neun Archonten ("Oberen") **65, 80**, die – zusammen mit dem Schriftführer der Thesmotheten (s.u.) – aus den zehn Phylen[G] erlost wurden. Nach dem ersten Archon (auch Archon *eponymos* genannt) wurde das Jahr bezeichnet.[R] Der *basileus* **72-75, 78-79, 84, 110, 121** war u.a. für die Annahme von Anklagen wegen Mordes für den Areopag[P] zuständig und nahm auch einige der kultischen Aufgaben wahr, die in der Frühzeit Athens[B] dem König (*basileus*) zugekommen waren; seine Frau, die *basilinna* (Königin **74**), spielte eine Rolle im Dionysos-Kult[L]. Der *polemarchos* war u.a. für Fragen des Bürger- und Fremdenrechts zuständig; bei ihm mußte man eine Bürgschaft hinterlegen, wenn man eine angeblich versklavte Person als frei beanspruchte (*aphairesis eis eleutherian*) **40, 49**. Archon (*eponymos*), *basileus* und *polemarchos* konnten zu ihrer Unterstützung auf eigene Kosten je ein eigenes Beratergremium (*synedrion* **83**) aus zwei Beisitzern (*paredroi* **72, 81, 84**) einsetzen. Die übrigen sechs Mitglieder der Neun Archonten, die sog. Thesmotheten, waren u.a. für die Organisation des Gerichtswesens zuständig. Der großen Bedeutung dieser neun Ämter entsprach die Regelung, daß eingebürgerte Athener erst in der zweiten Generation zu einem der Neun Archonten bestimmt werden konnten **92, 104, 106** und daß die Amtsinhaber nach dem Ende ihres Amtsjahrs Mitglieder des Rats auf dem Areopag[P] wurden.

Jahr und Tag

R   Das Jahr, das Anfang Juli (mit dem ersten Neumond nach der
    Sommersonnenwende) begann (weshalb bei der Umrechnung
    in Daten v.Chr. – wie heute bei Schuljahren – meist zwei Jah-
    reszahlen angegeben werden müssen), wurde mit dem Namen
    des Archon (*eponymos*)^Q bezeichnet **33, 35-37**, kleinere Zeit-
    abschnitte mithilfe der Prytanien^P, die jede der zehn Phylen^G
    für je ein Zehntel des Jahres innehatte **7, 27**. Zur genaueren
    Beschreibung konnte man sich u.a. – wie wir heute – auf den
    jeweiligen Tag des Monats beziehen **76**. Kürzere Zeitab-
    schnitte wurden meist mit einer Wasseruhr^X gemessen.

Geld und Steuern

S   Die wichtigste Währungseinheit Athens war die Drachme **10,
    16, 30, 70-71**, die sich aus 6 Obolen zusammensetzte **52**. Ein-
    hundert Drachmen wurden auch als "Mine" bezeichnet **29,
    30-32, 39, 50, 65**, 60 Minen (oder 6000 Drachmen oder
    36 000 Obolen) als "Talent" **6-8, 98**. Eine Umrechnung in
    moderne Währungen ist schwierig; als Anhaltspunkt mag gel-
    ten, daß 9 Obolen (1½ Drachmen) etwa dem Tagesverdienst
    eines Arbeiters entsprachen. Um Zahlenverhältnisse zu be-
    zeichnen, verwendete man Bruchzahlen: Eine Jahressteuer
    von 2% sind "ein Fünfzigstel" **27**, bei der Verzinsung einer
    Schuld wurde das Verhältnis von Monatszins pro 100 Drach-
    men benannt: Ein Zinssatz von 9 Obolen (also 1½ Drach-
    men) für 100 Drachmen für jeden der zwölf Monate ent-
    spricht also einem Zinssatz von 18% pro Jahr **52**.

T   Einnahmen hatte der Staat, der in der klassischen Zeit auch
    die Tribute der Bündner und Hafen- und Zollabgaben nutzen
    konnte, u.a. aus Strafgeldern^Z und aus der Verpachtung der
    Steuern auf Getreide **27** (die Steuerpächter hatten dem Staat
    das Steueraufkommen zu garantieren und die Eintreibung auf
    eigenes Risiko durchzuführen, wurden dafür aber von ande-
    ren staatlichen Pflichten freigestellt); die eingehenden Gelder
    wurden teils in besonderen Fonds gesammelt, etwa dem für

Militäraufgaben (*stratiotika*) oder dem für öffentliche Aufgaben (*theorika* – ein Begriff, der auf die ursprüngliche, damals
freilich längst vergessene Funktion dieses Fonds für die Gelder verweist, die Zuschauer an den staatlichen Theater-Auf-
führungen, *theoriai*, zur Kompensation des Verdienstausfalls
erhielten) **4**. Gemeindeaufgaben wurden teils aber auch durch
sog. *leitourgiai*, besondere Leistungen wohlhabender Bürger,
finanziert **117**, die etwa die Ausrüstung eines Kriegsschiffs aus
dem eigenem Vermögen bezahlen mußten (und damit vor
allem Prestige gewannen). Umgekehrt konnte bei besonderen
Leistungen die Freiheit von Abgaben oder anderen Verpflichtungen gegenüber dem Staat, die sog. Atelie (*ateleia*), als Pri-
vileg verliehen werden **27**.

Das Volksgericht Athens

U   Da es zum Grundverständnis des demokratischen Athens gehörte, daß jeder Bürger für jedes Amt[Q] gleich befähigt sei,
wurden alljährlich 6000 Bürger im Alter von mindestens
dreißig durch das Los zu Mitgliedern des Volksgerichts (*heli-
aia*) bestimmt und vereidigt **115**, aus deren Zahl dann für
jeden einzelnen Prozeß die jeweiligen Richter ausgelost wurden; je nach Höhe des Streitwerts bestand das Gericht aus
201 oder 401 (bei *dikai*[V]) oder aber aus 501, 1001, 1501, 2001,
2501 oder noch mehr ausgelosten Richtern (bei *graphai*[V]).
Nach demselben Grundsatz stand die Anklage bei einem Fall
von öffentlichem Interesse (*graphe*[V]) grundsätzlich jedem frei,
"der will" und der nicht – etwa als Staatsschuldner[F] oder
durch anderweitigen Verlust der bürgerlichen Rechte[Z] – daran
gehindert war **16, 86, 90**. Folglich gab es keine "Staatsan-
wälte"; da aber in manchen Fällen bis zu einem Drittel einer
Strafsumme dem Ankläger zufiel **16, 52** und da es andere
Möglichkeiten gab, das Antragsrecht zum eigenen Vorteil zu
nutzen, konnten Bürger ein Einkommen als Ankläger ("Sykophant") anstreben **10, 39, 43-44** – freilich keine respekthei-
schende Tätigkeit; der Begriff "Sykophant" wurde folglich
auch im erweiterten Sinn von "Erpresser" verwendet **41, 68**.

V Für die Anklage, die in einer Klageschrift niedergelegt wurde **A2, A10**, waren nicht nur die Bestrafung eines gesetzwidrigen (*paranoma*) Unrechts (*adikia, adikema*), sondern auch der Wunsch, Rache für früher erlittenes Unrecht zu erlangen **1, 12, 15, 126** oder einen Mord zu rächen **A2, A4-5, A21, A24, A29**, akzeptierte Motive (das griechische Wort *timoria* bezeichnet sowohl 'Rache' als auch 'Strafe'). In Mordsachen wurde Anklage beim *basileus*^{Q}, in anderen Fällen meist bei den Thesmotheten^Q erhoben **16-17, 52-54, 65-66, 71**. Es gab im wesentlichen zwei Arten von Klage: Die Privatklage (*dike*) wurde etwa betreffs Eintragung in die Bürgerlisten^H **60** oder Gewährung von Unterhalt (*dike sitou*) erhoben **52, 54**, aber auch wegen Wegnahme eines Sklaven **45**, wegen Mißhandlung **86** oder Mordes an einem Verwandten oder Sklaven (*dike phonou*) **A1; 9-10**; der Prozeß gegen die Stiefmutter war eine solche *dike phonou*. Die zweite Art von Klage war die öffentliche Schriftklage (*graphe*); hier konnte jeder, "der will"^{U}, Klagen erheben, u.a. wegen Verstößen gegen das Bürgerrecht durch Fremde (*graphe xenias* **1, 14, 16, 52-54, 66, 124, 126** – der Neaira-Prozeß fand aufgrund einer solchen Schriftklage statt), wegen ungerechter Festnahme **66, 68-69, 71**, wegen Kriegsdienstverweigerung **27** oder wegen eines gesetzwidrigen Antrags an die Volksversammlung (*graphe paranomon*) **5, 90-91**.

W Eine außergerichtliche Schlichtung (*diaita* **45, 68-69**) war im allgemeinen vorgesehen, bei (öffentlichen) Schriftklagen (*graphai*^{V}) obligatorisch. Bei letzteren fand sie vor öffentlich, bei Privatklagen (*dikai*^{V}) vor privat bestellten Schlichtern (*diaitetes*) mit großer Lebenserfahrung – oft Freunden der Streitparteien **45, 47, 60, 70** – statt, die versuchten, einen Vergleich (*diallage*) herbeizuführen **47, 53, 60, 70-71**. Aus diesen Schlichtungs- und anderen vorgelagerten Verfahren (*prodikasiai*) konnte die Anklage zumindest die Stoßrichtung der nach ihr sprechenden Verteidigung entnehmen und gleichsam vorab zu entkräften versuchen **A8, A21-28; 115, 118-125**.

X Gelang dies nicht, kam es zum Prozeß, der meist als *agon* ("Wettkampf") bezeichnet wird **A1; 1, 11, 14, 16, 25, 28, 32, 34, 40, 44, 47-48, 109, 112, 121, 124, 126**. In der Regel tagten die Richter in einem der Säle des Gerichtsgebäudes auf der Agora[A], bei Religionsfrevel[K] oder Mord an einem Bürger hingegen unter offenem Himmel auf dem Areopag[A] **A22; 80-83**, bei Mord an Fremden und Sklaven oder bei Totschlag – etwa eines in flagranti ertappten *moichos*[J] – im Palladion[A] **9**, bei einer Klage wegen Unterhalts (*dike sitou*)[V] im Odeion[A] **52, 54**. Zunächst wurde vor Gericht die Anklagerede (*kategoria* **15, 115**) vorgetragen, dann die Verteidigungsrede (*apologia* **15, 115, 118, 120**), deren Argumente die Anklage daher vorwegnehmen mußte, wenn sie sie entkräften wollte (**A21-A24; 118-120**); in Mordprozessen sprachen beide Parteien jeweils zweimal. Die prozeßführenden Parteien mußten stets selbst sprechen, denn die Beschäftigung gewerbsmäßiger Redner ("Anwälte") war verboten. Allerdings konnte man sich Redetexte von einem "Redenschreiber" (*logographos*) schreiben lassen; von den "Zehn Attischen Rednern" (s. S.7) werden im Neaira-Prozeß beiläufig Lysias **21-23** und Demosthenes **123** erwähnt. Vor allem aber konnte man einen "Mitredner" (*synegoros*) bitten, der – etwa als Verwandter – unentgeltlich auftrat **14, 115**; im Neaira-Prozeß wurde die Anklage im wesentlichen von einem solchen vorgetragen (**16-126**). Die Redezeit war durch eine Wasseruhr begrenzt **20**, weshalb in den Reden so mancher Vorausverweis auf "später" zu Bietendes nicht mehr verwirklicht wird **20, 43** und auch Widersprüche (so zwischen **38** und **121**) nicht aufgeklärt werden. Das Ziel des Prozeßgewinns war weniger durch eine ausführliche und stringente Argumentation, eher durch eine geschickte Mischung von Andeutungen, persönlichen Diffamierungen und nicht immer korrekten (weil im Prozeß nicht mehr überprüfbaren) Aussagen und Beweisen zu erreichen.

Y Als Beweismittel, die auf Antrag der jeweiligen prozeßführenden Partei vorgeführt wurden, galten u.a. Gesetze[N] **16, 52, 87**, *psephismata*[N] **104**, Dokumente über einen Vergleich[W] **47, 71** oder eine *proklesis* (s.u.) **124**, aber auch der – meist von einem Opfer für die Götter[L] begleitete – Eid **A8; 10, 60** mit einer Selbstverfluchung **10** für den allseits gefürchteten Fall eines Meineids. Außerdem wurden Zeugenaussagen angeführt, von freien Bürgern Athens und anderer Staaten (wenn erforderlich, konnte man Zeugen zu einer Aussage damit zwingen, daß sie einen Hinderungsgrund beeiden, sich also von einer Aussage "losschwören" mußten **28, 53, 84**) ebenso wie von Sklaven, deren Zeugnis allerdings nur dann gültig war, wenn es durch Folterung (*basanos*) erreicht wurde **A6-A13; 121, 123-125**. Zeugen wurden von einem Gerichtsdiener (an den sich die Redner oft direkt wenden) in den Gerichtssaal gerufen; außerdem konnten von diesem schriftliche Zeugnisse – Gesetzestexte, Verträge usw. – verlesen werden (zur Frage von deren Authentizität s. S.9) Als indirektes Beweismittel konnte auch darauf verwiesen werden, daß der Prozeßgegner einer in der Öffentlichkeit gemachten Aufforderung (*proklesis*) etwa zu einem Eid oder zur Sklavenfolterung nicht nachgekommen war **A6-13; 60, 63, 120, 123-125**, also anscheinend etwas zu verbergen hatte.

Z Die Abstimmung der Richter (die wohl nicht alle unbestechlich waren **10**) folgte ohne weitere Aussprache unmittelbar auf die Reden und geschah – wie bei den geheimen Abstimmungen in der Volksversammlung[N] – mittels Stimmplättchen (*psephoi*) **6, 15, 74, 108-110, 112, 114, 126**. Konnte ein Ankläger nicht einmal ein Fünftel der Richter-Stimmen für sich gewinnen, mußte er eine festgelegte Strafsumme zahlen. Geldbußen gehörten auch zu den Strafen, die von den Richtern im Falle eines Schuldspruchs verhängt wurden **6, 8, 16** (die Höhe dieser Strafsumme wurde ggf. nach einem Schuldspruch von den Richtern in einer zweiten Abstimmung zwischen den Vorschlägen von Anklage und Verteidigung festgesetzt **6-8**), außerdem Mißhandlung des Unterlegenen durch den Gewinner des Prozesses **66, 86-87**, Einzug (Beschlagnahme) des Vermögens durch den Staat **7, 16, 52** (womit der Verurteilte zum Staatsschuldner[F] und damit ehrlos – *atimos*[F] – wurde **7-8**), Entzug der bürgerlichen Rechte (*atimia*)[F] **1, 6, 10, 27-28, 52, 87** (der es einem Verurteilten auch unmöglich machte, als Zeuge vor Gericht zu erscheinen **27-28, 52**), Vertreibung aus Athen (Verbannung) **9-10**, Versklavung **17** (diese drohte der Neaira, wenn sie verurteilt würde) und gar – so bei Mord – Folterung und Tod **A20** (dieser drohte im Falle eines Schuldspruchs der Stiefmutter) .

2. Zur *Rede gegen die Stiefmutter*

Der falsch dosierte Liebestrank

"Man erzählt, eine Frau habe einst jemandem einen Liebestrank (*philtron*) zu trinken gegeben, darauf sei der Mann infolge dieses Liebestranks gestorben, die Frauensperson sei aber doch auf dem Areopag[P] freigesprochen worden. Von dem Verbrechen, das man ihr zur Last legte, wurde sie aus keinem anderen Grund freigesprochen, als weil es nicht mit Vorsatz (*pronoia*) geschehen war – sie hatte (den Trank) ja aus Liebe gegeben und sich nur darin getäuscht. Deswegen schien die Tat nicht mit Vorbedacht getan (*hekousios*) zu sein, weil sie den Liebestrank nicht mit der Absicht (*dianoia*) gegeben hatte, ihn umzubringen."

Unter dem Namen des großen griechischen Philosophen Aristoteles ist das Werk überliefert, dem diese Passage entnommen ist: die sog. *Magna Moralia* (1188b29-b38). Hier wird für die Frage nach der Bedeutung des freien Willens ein Beispiel angeführt, an dem verdeutlicht werden soll, daß eine ohne Vorsatz und Vorbedacht getane Tat nicht ebenso zu bewerten ist wie eine mit Absicht begangene. Der Fall, auf den die *Magna Moralia* hier anspielen, ist mit einiger Wahrscheinlichkeit der, den wir ausführlicher aus der Rede des Antiphon *Gegen die Stiefmutter* kennen.

Antiphon: Redner und Sophist

Antiphon, Sohn des Sophilos, aus dem attischen Demos[G] Rhamnous wurde um 480 v.Chr. in eine alteingesessene Familie Athens geboren. Er war, wie sein Schüler, der berühmte Historiker Thukydides, schreibt, "ein Mann, der unter den Athenern keinem an persönlicher Tüchtigkeit (*arete*) nachstand" und er "entfaltete größte Kraft sowohl in seinen Überlegungen als auch im Ausdruck dessen, was er dachte. In der Volksversammlung[N] (*demos*) trat er nicht auf, auch sonst nicht mit Absicht bei einem Prozeß (*agon*)[X], sondern er war der Volksmenge unheimlich wegen des Rufes, in dem seine unerhörte Kraft (des Denkens und Redens) stand. Wenn freilich Leute in einem Prozeß oder in der Volksversammlung etwas zu vertreten hatten, war er der einzige, der, um Rat gefragt, einem jedem nützen konnte" (8,68,1). Aus dem Ratgeber wurde mit der Zeit ein Redenschreiber (*logographos*)[X] – ja, Antiphon gilt als der erste, der Prozeßreden für andere aufschrieb.

Antiphons früheste datierbare Rede dieser Art stammt aus der Zeit um 425 v.Chr. – und die letzte hielt er in eigener Sache selbst: 411 v.Chr. hatte er zu den Anführern eines aristokratischen Putsches gegen die radikale Demokratie[N] gehört, in dessen Folge ein "Rat der Vierhundert" an die Stelle der demokratischen Verfassungsorgane[P] gesetzt wurde. Die neuen Machthaber konnten sich aber nur wenige Monate halten, und während die meisten Aufständischen nach der Wiedereinsetzung der Demokratie ins Exil gingen, blieb Antiphon in Athen, wurde wegen Hochverrats angeklagt und verteidigte sich selbst in einer Rede, die Thukydides sehr beeindruckte: "Von allen bis zu meiner Zeit hat er ganz offenbar die beste Verteidigungsrede in einem Kapitalprozeß gehalten" (8,68,2). Die Richter freilich verurteilten Antiphon zum Tode. Erhalten ist diese *apologia*[X] des Antiphon nicht (nur wenige Fragmente zeugen von ihr), und auch weitere Werke – bekannt sind die Titel von über zwanzig – sind verloren, doch überliefern mittelalterliche Handschriften die Texte von drei Gerichtsreden in Kapitalprozessen, die alle in der Zeit zwischen 420 v.Chr. und Antiphons Hinrichtung 411 v.Chr. entstanden, sowie drei ältere 'Redequartette' (*tetralogiai*), in denen zu Studienzwecken das Für und Wider je eines Falles in je zwei Redepaaren dargelegt ist.

Außerdem kennen wir einen "Sophisten" namens Antiphon als Gesprächspartner des Sokrates (Xenophon, *Erinnerungen an Sokrates* 1,6) und als Autor von sophistischen Traktaten *Über die Wahrheit*, *Über die Eintracht* und *Politikos*. Ob dieser Sophist mit dem Redner identisch ist, war wegen stilistischer und inhaltlicher Differenzen schon in der Antike umstritten, ist aber möglich, ja recht wahrscheinlich, da – zumal für andere Personen geschriebene – Gerichtsreden sich in Stil und Inhalt von philosophischen Traktaten unterscheiden müssen und da Thukydides' eben (S.26) zu Antiphon zitierte Schilderung eine nachgerade idealtypische Beschreibung eines Sophisten ist.

Die Stiefmutter

Die *Rede gegen die Stiefmutter* ist die einzige von Antiphons erhalte-
nen Reden, die er für die Anklageseite schrieb. Besonders stark ist
die Argumentation nicht, denn dafür, daß es bereits früher Gift-
mordanschläge der Stiefmutter auf den Vater gegeben habe **3**, **9**,
bleibt der Redner die Beweise schuldig, und auch die Beweiskraft
der Ablehnung einer Sklavenfolterung[Y] **6ff.** ist gering, da solche
Folteruntersuchungen nicht notwendig die Wahrheit ans Licht
brachten (und auch sonst zwar häufig gefordert, tatsächlich aber
selten durchgeführt wurden).

Möglicherweise aber ging es hier – wie in der *Rede gegen Neaira* –
tatsächlich auch um eine ganz andere, ältere Fehde zwischen dem
Redner und seinen Halbbrüdern: Die Folteruntersuchung von
"deren" Sklaven (so ausdrücklich **9**) wäre ja überhaupt nur aussa-
gekräftig gewesen, wenn die Sklaven jener Halbbrüder einst schon
Sklaven des Vaters gewesen waren. Hatten also die Halbbrüder
des Redners das Vermögen (einschließlich der Sklaven) des Vaters
geerbt, während der aus erster Ehe stammende Redner leer aus-
gegangen war? Suchte er deshalb jetzt, wo er volljährig (und damit
erbberechtigt) war, sich an seinen Halbbrüdern zu rächen, und sei
es auf dem 'Umweg' über die Anklage der Stiefmutter?

Zu welchem Urteil die Richter kamen, können wir der *Rede gegen
die Stiefmutter* nicht entnehmen; wenn die *Magna Moralia* sich
tatsächlich auf diesen Fall beziehen, endete er mit Freispruch.
Andernfalls dürfen wir jedenfalls nicht einfach annehmen, daß die
Laienrichter sich bei ihrer Entscheidung über den Fall allein von
ihrer Haltung zu der unbewiesenen Behauptung des Anklägers
leiten ließen – die immer wieder betonte Loyalität des Sohnes
gegenüber seinem Vater und die Schilderung der Stiefmutter als
männermordender "Klytaimnestra"[J] **17** mögen die "Herren Richter" mehr für den Redner eingenommen haben, als wir das heute
für möglich halten wollen. Wäre dem so gewesen, dann hätte sich
wieder einmal erwiesen, daß – wie Thukydides (s. S.27) schrieb –
Antiphon jemand war, "der, um Rat gefragt, einem jedem nützen
konnte", selbst wenn der Fall zunächst ganz aussichtslos erschienen war.

3. Zur *Rede gegen Neaira*

Das Problem des Urhebers der Rede

"Ein Gesetz bestimmte, daß, wenn mit einem athenischen Mann (Bürger) eine Fremde in Ehegemeinschaft[I] lebt, diese (in die Sklaverei) verkauft werden solle; gemäß diesem Gesetz tritt gegen Neaira Theomnestos auf und behauptet, daß sie mit Stephanos in Ehegemeinschaft lebe, obgleich sie zuvor eine Sklavin der Nikarete und einst eine Hetäre[J] gewesen war, jetzt aber mit Stephanos nach dem Gesetz in Ehegemeinschaft lebe und mit ihm Kinder gemacht habe. Stephanos aber gesteht dies nicht zu, sondern behauptet, daß er mit ihr als einer Hetäre zusammen sei und nicht als seiner Ehefrau und daß die Kinder nicht von ihr stammten. Dem widerspricht der Ankläger und bietet nicht geringe Zeugnisse dafür, daß sie als seine Frau mit ihm in Ehegemeinschaft lebe. … Den ersten Teil der Rede spricht Theomnestos, dann ruft er als *synegoros*[X] den Apollodoros auf, der sein Schwager/Schwiegervater[I] ist, und jener führt den Prozeß (*agon*)[X]."

So faßt der spätantike gelehrte Redner Libanios (314 – 393 n.Chr.) den Inhalt der *Rede gegen Neaira* zusammen und fügt hinzu: "Auch diese Rede halten manche nicht für eine des Demosthenes, weil sie gedehnt ist und in vieler Hinsicht hinter der Kraft dieses Redners zurückbleibt." Der Politiker und Redner Demosthenes, Sohn des Demosthenes, aus dem attischen Demos Paiania (384/83 – 322 v.Chr.) war, wie schon im Vorwort (S.7) erwähnt, der weitaus bedeutendste der "Zehn Attischen Redner" und galt bereits in der Antike aufgrund seiner Werke als Vorbild späterer Rhetoren. Insgesamt 61 Reden sind unter dem Namen des Demosthenes überliefert und zeugen vielfach von der stilistischen Kunst ihres Urhebers, die freilich in der *Rede gegen Neaira* nicht so großartig ist wie in den authentischen Demosthenes-Reden: Manche Sätze sind schier endlos lang (was in der Übersetzung nicht einfach nachzuahmen war), und wiederholt ist im Griechischen ein Satzbruch zu konstatieren. Bald schon hat man deshalb vermutet, daß der *synegoros*[X] des Theomnestos, Apollodoros, der den Großteil der Rede selbst in Vertretung seines jungen Verwandten hielt, auch der Autor der Rede ist (s. S.7).

Apollodoros und Stephanos

Den Apollodoros, Sohn des Pasion, aus Acharnai[G] (394/93 – um
340 v.Chr.) also dürfen wir als Autor der *Rede gegen Neaira* ansehen
– einen Mann, den wir auch aus anderen Quellen kennen und von
dem wir wissen, daß er schon lange eine Fehde mit Stephanos
ausfocht: Apollodoros' Vater Pasion war ein Sklave von zwei
athenischen Bankiers gewesen, deren Vertrauen er gewonnen hatte; schließlich gaben sie ihm nicht nur die Freiheit, sonden über-
ließen ihm auch das Eigentum an der Bank. Pasion gelang es, aus
seinen Bankgeschäften ein Vermögen zu erwirtschaften, mit dem
er Athen wiederholt großzügig unterstützte. Schließlich belohnte
ihn der Staat mit dem Bürgerrecht für ihn und seine Söhne.

Pasion starb 370 v. Chr. – und schon bald befand sich Apollodoros in Rechtsstreitigkeiten mit Kunden der Bank, mit Freunden
und mit seinem Stiefvater, aber auch mit Stephanos, Sohn des
Antidorides (nach dem wieder der Enkel benannt ist **121**), aus
Eroiadai **40** (der uns auch aus einer zeitgenössischen Inschrift,
HGIÜ 250, bekannt ist): Im Sommer des Jahres 348 v.Chr. hatte
er angesichts der Bedrohung, die ihm (wie bald deutlich wurde: zu
Recht)[D] von König Philipp II. von Makedonien auszugehen
schien, dafür plädiert, nicht verwendete öffentliche Gelder in den
Militär-Fonds[T] zu überführen; wenig später war die Volksver-
sammlung diesem Vorschlag gefolgt. Dagegen jedoch brachte
Stephanos eine Schriftklage wegen eines gesetzwidrigen Antrags
ein (*graphe paranomon*)[V] – ein für Apollodoros äußerst gefährlicher
Vorwurf, da er im Falle einer Verurteilung für die Strafsumme mit
seinem Privatvermögen aufkommen mußte. In der Tat war
Stephanos' Anklage in der Sache erfolgreich, allerdings konnte er
die von ihm vorgeschlagene vernichtend hohe Strafsumme nicht
durchsetzen **4-8**. Dieser nur halbe Erfolg scheint für Stephanos
Anlaß gewesen zu sein, den Apollodoros bald erneut anzuklagen,
diesmal wegen der Tötung einer Frau (wohl seiner Sklavin), ohne
jedoch diesen Vorwurf beweisen zu können **9-10**. Warum Stephanos all dies tat, wissen wir nicht; vielleicht war er bei allen oder
manchen dieser Prozesse nur ein Strohmann für politische oder
persönliche Gegner des Apollodoros gewesen **10**, doch hatte
dieser auch dann allen Grund, auf Rache an Stephanos zu sinnen.

Auch Apollodoros wählte dafür nun nicht den direkten Weg, son-
dern zog als *synegoros*[X] seines jungen Verwandten Theomnestos die
Partnerin des Stephanos vor Gericht, "weil sie" – wie er am
Schluß der Rede zusammenfaßt – "als Fremde mit einem Bürger
in Ehegemeinschaft lebt" **126**. Tatsächlich stand die Ehe eines
Bürgers mit einer Fremden ("Ausländerin") unter Strafe für beide
Partner, so daß eine Verurteilung für Neaira zur Versklavung und
für Stephanos zu einer harten Geldbuße geführt hätte.

Wie dieser Prozeß ausging, wissen wir nicht. Wir können aber
feststellen, daß die Tatsache von Neairas Fremden-Status, auf
dem Apollodoros ausführlich insistiert, von niemandem – auch
von Stephanos nicht – bezweifelt wurde, Apollodoros also inso-
fern weit über das Ziel hinausschießt. Hingegen bleibt er Belege
dafür schuldig, daß Stephanos und Neaira in Ehegemeinschaft
lebten; zu dieser – entscheidenden – Frage suggeriert er freilich,
Stephanos habe seine Zeugen "präpariert" **120**. Bei allem rhetori-
schen Aufwand bietet Apollodoros jedenfalls gerade keine klaren
Beweise dafür, daß Stephanos' Kinder von Neaira stammten und
nicht, wie jener offenbar angab, aus einer früheren Ehe mit einer
Bürgerin (s.u. S.33f.). Auch dessen Ablehnung der *proklesis*[Y] zu
einer Folterung von Neairas Sklavinnen mit dem Ziel, deren Aussage zu erzwingen, ist – wie im Fall der Stiefmutter (s. S.28) – kein
guter Beweis.

Doch dürfen wir – wie in der *Rede gegen die Stiefmutter* (s. S.28) –
nicht einfach annehmen, daß die Laienrichter nur solche juristi-
schen Überlegungen in ihre Entscheidung über den Fall ein-
bezogen; vielmehr mag sie ihre Haltung zu der Fehde, die Apollodoros und Stephanos ja seit langem – und nun eben auf dem
'Umweg' über Neaira – ausfochten, zu einer Verurteilung bewogen haben. Was immer jedenfalls gegen Neaira – die Hetäre,
die "mit allen drei Löchern" **108** ihren Lebensunterhalt verdient
habe und nun als angebliche Frau eines Bürgers in Athen lebe –
vorgebracht wird, soll eigentlich Stephanos treffen. Vielleicht
schließlich ging es Apollodoros – wie zuvor dem Stephanos –
auch gar nicht so sehr um den Ausgang des Prozesses als vielmehr
um die Tatsache, seinem alten Feind Schwierigkeiten zu machen,
und sei es auch nur als *synegoros*[X] seines jungen Verwandten.

Neaira

Während wir, wie gesagt, über den Redner Apollodoros viel aus anderen Quellen wissen, kennen wir Neaira fast ausschließlich aus der Rede, in der sie von Apollodoros angeklagt wird. Selbst das ausführlichste Zeugnis, das sonst erhalten ist, geht auf die *Rede gegen Neaira* zurück:

"Nikarete, die Hetäre [J], war die Geliebte des Redners Stephanos, die des Gelehrten Lysias war Metaneira [21]. Diese waren Sklavinnen des Kasios aus Elis[□] zusammen mit noch anderen Hetären: Anteia, Stratola, Aristokleia, Phila, Isthmias und Neaira [19]. Neaira war die Geliebte des Dichters Xenokleides, des Schauspielers Hipparchos und des Phrynion aus Paiania, Sohn des Demon und Neffe des Demochares. Die Neaira nahmen aufgrund einer Schlichtung durch Freunde einen Tag um den anderen Phrynion und der Redner Stephanos in Anspruch [46]. Letzterer gab Strymbele, die Tochter der Neaira, die später Phano genannt wurde, als seine eigene Tochter dem Phrastor aus Aigilia zur Frau, wie Demosthenes in seiner *Rede gegen Neaira* [50] berichtet. Dieser erzählt auch von der Hetäre Sinope folgendes [116]: "Den *hierophantes*[M] Archias habt ihr bestraft, nachdem er vom Gericht überführt worden war, sich eines Frevels (*asebeia*)[K] schuldig gemacht und die Opfer gegen das ererbte Herkommen dargebracht hatte. Außer anderen gegen ihn erhobenen Beschuldigungen wurde er auch deshalb angeklagt, weil er für die Hetäre Sinope, die am *Haloa*-Fest[M] im Vorhof von Eleusis[M] ein Opfertier zum Altar brachte, dieses geopfert habe, obwohl es gesetzlich verboten war, an diesem Tag Opfer darzubringen, und obwohl das Opfern nicht ihm, sondern der Priesterin zustand."

So faßt Athenaios von Naukratis, ein Autor des 2. Jahrhunderts n.Chr., in seinem Werk *Deipnosophistai* ("Gelehrte beim Gastmahl" 13 p. 593f-94b) im Zusammenhang mit einer Erörterung über berühmte Hetären Angaben der Rede zusammen; er zitiert dabei zwar nicht ganz genau, gibt aber manches Wichtige wieder. Neaira begegnet uns zudem in einem Fragment aus der Komödie *Kynagis* ("Die Jägerin", Frg. 9, bei Athenaios 13 p. 587e) des Philetairos, eines nur aus wenigen Fragmenten bekannten Autors des 4. Jahrhunderts (und angeblich ein Sohn des berühmten Komödienautors Aristophanes), die wohl aus der Zeit zwischen 370 und 365 v.Chr. stammt; dieses Fragment erwähnt nicht nur die seinerzeit weithin bekannte Hetäre Laïs, sondern mit Phila und Isthmias auch zwei offenbar nicht minder berühmte "Schwestern" Neairas aus dem Haus der Nikarete und eben Neaira selbst:

"Starb nicht Laïs schließlich beim Beischlaf,
und sind Isthmias, Neaira und Phila nicht ganz verrottet?"

Was also wissen wir über Neaira? Sie war zwischen 400 und 395 v.Chr. geboren und wohl als Findelkind (Kindsaussetzung, zumal von Mädchen, war in der Antike nichts Ungewöhnliches) von der Bordellwirtin Nikarete in Korinth□ als Sklavin mit der Absicht aufgenommen worden, sie zu prostituieren. Schon im Alter von 12 oder 13 Jahren arbeitete sie in diesem Gewerbe und erreichte bald als Hetäre J großen Ruhm. 376 v.Chr. kauften zwei ihrer Freier sie der Nikarete ab und hielten sie als Privatsklavin; zwei Jahre später ermöglichten sie es ihr dann, sich freizukaufen. Darauf nahm einer der Hauptsponsoren, Phrynion, sie mit nach Athen, behandelte sie aber weiterhin wie eine Sklavin, weshalb sie sich ein oder zwei Jahre später von ihm trennte, nach Megara□ zog und dort seit 373/72 v.Chr. als selbständige Hetäre erwerbstätig war. Zwei Jahre später nahm einer ihrer Kunden, Stephanos, sie mit nach Athen, und wenige Jahre später erscheint sie in Philetairos' Komödie *Kynagis* (s.o.) schon als "verwittert": Sie war inzwischen über 30 und führte Stephanos' Haus, in dem auch mehrere kleine Kinder und Sklaven lebten. Eines dieser Kinder, Phano, wurde etwa 15 Jahre später Gattin des Phrastor, der sich zwar bald von Phano trennte, den gemeinsamen Sohn aber behielt; Phano wurde dann Gemahlin des *basileus*Q Theogenes. In jener Zeit begann nun auch die oben beschriebene Fehde von Neairas Partner Stephanos mit Apollodoros, die zwischen 343 und 340 v.Chr. in dem Prozeß gipfelte, in dem die Anklage die *Rede gegen Neaira* hielt.

War Neaira die Mutter der Kinder in Stephanos' Haushalt, wie Apollodoros behauptet? Es ist unwahrscheinlich, daß Neaira bereits 376 v.Chr. Mutter war, als sie von zwei Freiern dem Bordell abgekauft wurde, und wenig wahrscheinlich, daß sie anschließend, insbesondere in der Zeit ihrer selbständigen Tätigkeit als Hetäre in Megara ab 373/72 v.Chr., eine Schwangerschaft riskierte; Apollodoros nennt als Grund für den Geldbedarf Neairas für diese Zeit **36** – anders als später **42** – keine Kinder, vielmehr nur den "aufwendigen Lebensstil" der Frau. Zwei Jahre später, 371/70 v.Chr., versprach ihr Stephanos dann, "er wolle sie als seine Frau halten und auch die Kinder, die ihr damals waren, bei den Mitgliedern seiner Phratrie einführen[H] und sie zu Bürgern machen. … So kam er nun aus Megara hierher (nach Athen), wobei er sie bei sich hatte und mit ihr drei Kinder, Proxenos, Ariston und eine Tochter, die man jetzt Phano nennt" **38**. Apollodoros formuliert unscharf, wenn er die Kinder als die bezeichnet, die "ihr damals waren" und die "mit ihr" zu Stephanos nach Athen kamen. Er erweckt den Eindruck, daß die Kinder von Neaira stammten – sagt dies *hier* aber gar nicht explizit. Da Apollodoros sonst kaum davor zurückschreckt, unbewiesene Behauptungen als Tatsachen hinzustellen, fallen diese unscharfen Angaben besonders auf. Wir müssen uns daher fragen, wie Neaira, die zuvor als erfolgreiche, zuletzt sogar selbständige Hetäre gearbeitet hatte, 371 v.Chr. auf einmal gleich drei Kinder haben konnte, die nun "mit ihr" und Stephanos nach Athen zogen. Wäre es nicht eher wahrscheinlich, daß die Kinder aus Stephanos' Ehe mit einer (kürzlich verstorbenen) Athenerin stammten, er sie auf der Suche nach einer neuen Lebenspartnerin mitgenommen hatte und nun, da er Neaira gefunden hatte, mit seiner neuen Gefährtin (Apollodoros spricht *hier* übrigens nicht davon, daß eine gesetzliche Ehe geschlossen wurde) nach Athen nahm? Wäre dem so gewesen, dann wäre Apollodoros' Vorwurf, Stephanos habe Kindern einer Fremden das Bürgerrecht verschafft, falsch und als Beweis für eine gesetzeswidrige Ehegemeinschaft von Stephanos und Neaira untauglich! Allerdings werden wir – schon wegen der Quellenlage – die ganze Wahrheit wohl nie erfahren …

Sicher war Neiara eine ungewöhnliche Frau mit einem ungewöhnlich aufregenden Leben; vergleichbar viel aber wissen wir nur über wenige Frauen der griechischen Antike. Selbst im Zerrbild, das eine Anklagerede malt, können wir der *Rede gegen Neaira* – wie auch der *Rede gegen die Stiefmutter* – viel über ihre Lebenswelt und die ihrer Geschlechtsgenossinnen entnehmen. Hören wir also, was die Ankläger zu sagen haben gegen Frauen vor Gericht.

ΑΝΤΙΦΩΝΤΟΣ
ΚΑΤΑ ΤΗΣ ΜΗΤΡΥΙΑΣ

ANTIPHON
REDE GEGEN DIE STIEFMUTTER

κατὰ τῆς μητρυιᾶς

1 νέος μὲν καὶ ἄπειρος δικῶν ἔγωγε ἔτι, δεινῶς δὲ καὶ ἀπόρως
ἔχει μοι περὶ τοῦ πράγματος, ὦ ἄνδρες, τοῦτο μὲν εἰ ἐπι-
σκήψαντος τοῦ πατρὸς ἐπεξελθεῖν τοῖς αὐτοῦ φονεῦσι μὴ ἐπέξ-
ειμι, τοῦτο δὲ εἰ ἐπεξιόντι ἀναγκαίως ἔχει οἷς ἥκιστα ἐχρῆν ἐν
διαφορᾷ καταστῆναι, ἀδελφοῖς ὁμοπατρίοις καὶ μητρὶ ἀδελφῶν.
2 ἡ γὰρ τύχη καὶ αὐτοὶ οὗτοι ἠνάγκασαν ἐμοὶ πρὸς τούτους
αὐτοὺς τὸν ἀγῶνα καταστῆναι, οὓς εἰκὸς ἦν τῷ μὲν τεθνεῶτι
τιμωροὺς γενέσθαι, τῷ δ' ἐπεξιόντι βοηθούς. νῦν δὲ τούτων
τἀναντία γεγένηται · αὐτοὶ γὰρ οὗτοι καθεστᾶσιν ἀντίδικοι καὶ
φονῆς, ὡς καὶ ἐγὼ καὶ ἡ γραφὴ λέγει.
3 δέομαι δ' ὑμῶν, ὦ ἄνδρες, ἐὰν ἐπιδείξω ἐξ ἐπιβουλῆς καὶ
προβουλῆς τὴν τούτων μητέρα φονέα οὖσαν τοῦ ἡμετέρου
πατρός, καὶ μὴ ἅπαξ ἀλλὰ καὶ πολλάκις ἤδη ληφθεῖσαν τὸν
θάνατον τὸν ἐκείνου ἐπ' αὐτοφώρῳ μηχανωμένην, τιμωρῆσαι
πρῶτον μὲν τοῖς νόμοις τοῖς ὑμετέροις, οὓς παρὰ τῶν θεῶν καὶ
τῶν προγόνων διαδεξάμενοι κατὰ τὸ αὐτὸ ἐκείνοις περὶ τῆς
καταψηφίσεως δικάζετε, δεύτερον δ' ἐκείνῳ τῷ τεθνηκότι, καὶ
ἅμα ἐμοὶ μόνῳ ἀπολελειμμένῳ βοηθῆσαι.
4 ὑμεῖς γάρ μοι ἀναγκαῖοι. οὓς γὰρ ἐχρῆν τῷ μὲν τεθνεῶτι
τιμωροὺς γενέσθαι, ἐμοὶ δὲ βοηθούς, οὗτοι τοῦ μὲν τεθνεῶτος
φονῆς γεγένηνται, ἐμοὶ δ' ἀντίδικοι καθεστᾶσι. πρὸς τίνας οὖν
ἔλθῃ τις βοηθούς, ἢ ποῖ τὴν καταφυγὴν ποιήσεται ἄλλοθι ἢ
πρὸς ὑμᾶς καὶ τὸ δίκαιον;

Rede gegen die Stiefmutter

1 Jung und noch unerfahren in Privatklagen (*dikai*)^{V}* bin ich –
und so bin ich in dieser Sache in unerhörter Verlegenheit, ihr
Herren (Richter im Rat auf dem Areopag^{P}), einerseits, wenn
ich trotz des Auftrags meines Vaters, seine Mörder zu verfol-
gen, dies nicht tun sollte, andererseits, wenn ich durch die
Anklage in die Zwangslage komme, mit denen in Feindschaft
zu geraten, mit denen man es am wenigsten sollte, nämlich
mit den Brüdern, die mit mir denselben Vater haben, und
mit der Mutter der Brüder (meiner Stiefmutter).

2 Das Schicksal und eben diese Leute haben mich nämlich gezwungen, gerade gegen die einen Prozeß (*agon*)^{X} zu führen,
von denen zu erwarten gewesen wäre, daß sie dem Toten zu
Rächern^{V}, dem Kläger zu Helfern werden. Jetzt aber ist das
Gegenteil davon eingetreten; gerade diese nämlich stehen als
Prozeßgegner und Mörder da, wie ich und die Klageschrift
(*graphe*)^{V} sagen.

3 Wenn ich nun den Nachweis führe, daß deren Mutter aus
Hinterlist (*epiboule*) und Vorsatz (*proboule*) unseren Vater er-
mordet hat und daß sie nicht nur einmal, sondern schon oft
auf frischer Tat ertappt wurde, wie sie listig seine Ermordung
zu bewerkstelligen versuchte, so bitte ich euch, ihr Herren
(Richter), daß ihr erstens als Rächer^{V} für eure Gesetze wirkt,
nach denen ihr ja, da ihr sie von den Göttern und Vorfahren
übernommen habt, in derselben Weise wie über die Verurteilung (*kata-psephisis*)^{Z} abzustimmen pflegt; zweitens müßt ihr
jenem Toten und zugleich mir, der von allen verlassen ist,
Hilfe leisten.

4 Ihr nämlich steht mir jetzt am nächsten, da diejenigen, die
dem Toten zu Rächern^{V} und mir zu Helfern werden sollen,
als Mörder des Toten und meine Prozeßgegner dastehen. An
wen soll man sich demnach um Hilfe wenden oder wo soll
man anders seine Zuflucht nehmen als bei euch und bei der
Gerechtigkeit (*to dikaion*)?

---

* Die hochgestellten Buchstaben beziehen sich auf die systematische Einleitung S.11ff., die hochgestellten Quadrate auf
die Kartenskizzen S.148f.

5 θαυμάζω δ' ἔγωγε καὶ τοῦ ἀδελφοῦ, ἥντινά ποτε γνώμην ἔχων ἀντίδικος καθέστηκε πρὸς ἐμέ, καὶ εἰ νομίζει τοῦτο εὐσέβειαν εἶναι, τὸ τὴν μητέρα μὴ προδοῦναι. ἐγὼ δ' ἡγοῦμαι πολὺ ἀνοσιώτερον εἶναι ἀφεῖναι τοῦ τεθνεῶτος τὴν τιμωρίαν, ἄλλως τε καὶ τοῦ μὲν ἐκ προβουλῆς ἀκουσίως ἀποθανόντος, τῆς δὲ ἑκουσίως ἐκ προνοίας ἀποκτεινάσης.

6 καὶ οὐ τοῦτό γ' ἐρεῖ, ὡς εὖ οἶδεν ὅτι οὐκ ἀπέκτεινεν ἡ μήτηρ αὐτοῦ τὸν πατέρα τὸν ἡμέτερον· ἐν οἷς μὲν γὰρ αὐτῷ ἐξουσία ἦν σαφῶς εἰδέναι παρὰ τῆς βασάνου, οὐκ ἠθέλησεν· ἐν οἷς δ' οὐκ ἦν πυθέσθαι, τοῦτ' αὐτὸ προὐθυμήθη. καίτοι αὐτὸ τοῦτο ἐχρῆν, ὃ καὶ ἐγὼ προὐκαλούμην, προθυμηθῆναι, ὅπως τὸ πραχθὲν ᾖ ἀληθῶς ἐπεξελθεῖν.

7 μὴ γὰρ ὁμολογούντων τῶν ἀνδραπόδων οὗτός τ' εὖ εἰδὼς ἂν ἀπελογεῖτο καὶ ἀντέσπευδε πρὸς ἐμέ, καὶ ἡ μήτηρ αὐτοῦ ἀπήλλακτο ἂν ταύτης τῆς αἰτίας. ὅπου δὲ μὴ ἠθέλησεν ἔλεγχον ποιήσασθαι τῶν πεπραγμένων, πῶς περί γ' ὧν οὐκ ἠθέλησε πυθέσθαι, ἐγχωρεῖ αὐτῷ περὶ τούτων εἰδέναι; πῶς οὖν περὶ τούτων, ὦ δικάζοντες, αὐτὸν εἰκὸς εἰδέναι, ὧν γε τὴν ἀλήθειαν οὐκ εἴληφε;

8 τί ποτε ἀπολογήσεσθαι μέλλει μοι; ἐκ μὲν γὰρ τῆς τῶν ἀνδραπόδων βασάνου εὖ ᾔδει ὅτι οὐχ οἷόν τ' ἦν αὐτῇ σωθῆναι, ἐν δὲ τῷ μὴ βασανισθῆναι ἡγεῖτο τὴν σωτηρίαν εἶναι· τὰ γὰρ γενόμενα ἐν τούτῳ ἀφανισθῆναι ᾠήθησαν. πῶς οὖν εὔορκα ἀντομωμοκὼς ἔσται φάσκων εὖ εἰδέναι, ὃς οὐκ ἠθέλησε σαφῶς πυθέσθαι ἐμοῦ ἐθέλοντος τῇ δικαιοτάτῃ βασάνῳ χρήσασθαι περὶ τούτου τοῦ πράγματος;

5 Ich wundere mich darüber, was mein Bruder im Sinn hat, wenn er mir als Prozeßgegner gegenübertritt und es für Pietät (*eusebeia*)^K hält, die Mutter nicht bloßzustellen. Ich sehe es dagegen für viel frevelhafter (*anhosios*) an, die Rache^V für den Toten zu unterlassen, zumal da er infolge einer Tat aus Vorsatz (*proboule*) unverschuldet (*akousios*) gestorben ist, sie aber ihn mit Vorbedacht (*hekousios*) und Vorsatz (*pronoia*) getötet hat.

6 Und er wird doch das nicht behaupten wollen, er wisse genau, daß seine Mutter unseren Vater nicht getötet hat, denn das Mittel, durch das er es hätte deutlich wissen können, nämlich die Sklavenfolterung (*basanos*)^Y, hat er verschmäht; wodurch es aber *nicht* in Erfahrung zu bringen war, gerade dazu zeigte er sich bereit. Und doch wäre es auch meiner Aufforderung (*proklesis*)^Y gemäß nötig gewesen, sich zur Nachforschung bereit zu zeigen, damit die Tat durch die Untersuchung der ganzen Wahrheit aufgeklärt wäre.

7 Wenn nämlich die Sklaven nicht bei ihrer übereinstimmenden Aussage verharrt hätten, dann würde dieser auf Grund von genauem Wissen die Verteidigung führen und rasch gegen mich auftreten, und seine Mutter wäre von dieser Schuld frei. Da er aber eine Prüfung des Geschehenen abgelehnt hat, wie ist es ihm da möglich, das, was er nicht hat untersuchen wollen, zu wissen? Wie also wäre zu erwarten, ihr Richter, daß er etwas weiß, dessen Wahrheit er nicht festgestellt hat?

8 Was also wird er mir wohl in seiner Verteidigung (*apologia*)^X vorbringen? Er wußte doch genau, daß es ihr (der Mutter) nach der Folterung (*basanos*)^Y der Sklaven nicht möglich war, Rettung zu erlangen, glaubte vielmehr, daß die Rettung darin liege, wenn diese nicht gefoltert würden; sie (Mutter und Sohn) waren nämlich zu der Überzeugung gekommen, daß dadurch das Vorgefallene in Dunkel gehüllt bliebe. Wie also wird er den Eid^Y aufrichtig leisten können, es genau zu wissen – er, der sich weigerte, es genau in Erfahrung zu bringen, während ich bereit war, die gerechteste Folteruntersuchung (*basanos*)^Y über diese Angelegenheit anstellen zu lassen?

9 τοῦτο μὲν γὰρ ἠθέλησα μὲν τὰ τούτων ἀνδράποδα βασανίσαι, ἃ
   συνῄδει καὶ πρότερον τὴν γυναῖκα ταύτην, μητέρα δὲ τούτων, τῷ
   πατρὶ τῷ ἡμετέρῳ θάνατον μηχανωμένην φαρμάκοις, καὶ τὸν
   πατέρα εἰληφότα ἐπ' αὐτοφώρῳ, ταύτην τε οὐκ οὖσαν ἄπαρνον,
   πλὴν οὐκ ἐπὶ θανάτῳ φάσκουσαν διδόναι ἀλλ' ἐπὶ φίλτροις.

10 διὰ οὖν ταῦτα ἐγὼ βάσανον τοιαύτην ἠθέλησα ποιήσασθαι περὶ
   αὐτῶν, γράψας ἐν γραμματείῳ ἃ ἐπαιτιῶμαι τὴν γυναῖκα ταύτην.
   βασανιστὰς δὲ αὐτοὺς τούτους ἐκέλευον γίγνεσθαι ἐμοῦ παρ-
   όντος, ἵνα μὴ ἀναγκαζόμενοι ἃ ἐγὼ ἐπερωτῴην λέγοιεν – ἀλλ'
   ἐξήρκει μοι τοῖς ἐν τῷ γραμματείῳ χρῆσθαι · καὶ αὐτό μοι
   τοῦτο τεκμήριον δίκαιον γενέσθαι, ὅτι ὀρθῶς καὶ δικαίως
   μετέρχομαι τὸν φονέα τοῦ πατρός – εἰ δὲ ἄπαρνοι γίγνοιντο ἢ
   λέγοιεν μὴ ὁμολογούμενα, ἀναγκάζοι τὰ γεγονότα κατηγορεῖν ·
   αὕτη γὰρ καὶ τοὺς τὰ ψευδῆ παρεσκευασμένους λέγειν τἀληθῆ
   κατηγορεῖν ποιήσει.

11 καίτοι εὖ οἶδά γ', εἰ οὗτοι πρὸς ἐμὲ ἐλθόντες, ἐπειδὴ τάχιστα
   αὐτοῖς ἀπηγγέλθη ὅτι ἐπεξίοιμι τοῦ πατρὸς τὸν φονέα, ἠθέλησαν τὰ ἀνδράποδα ἃ ἦν αὐτοῖς παραδοῦναι, ἐγὼ δὲ μὴ ἠθέλησα
   παραλαβεῖν, αὐτὰ ἂν ταῦτα μέγιστα τεκμήρια παρείχοντο ὡς
   οὐκ ἔνοχοί εἰσι τῷ φόνῳ. νῦν δ', ἐγὼ γάρ εἰμι τοῦτο μὲν ὁ θέλων
   αὐτὸς βασανιστὴς γενέσθαι, τοῦτο δὲ τούτους αὐτοὺς κελεύων
   ἀντ' ἐμοῦ βασανίσαι, ἐμοὶ δήπου εἰκὸς ταὐτὰ ταῦτα τεκμήρια
   εἶναι ὡς εἰσὶν ἔνοχοι τῷ φόνῳ.

12 εἰ γὰρ τούτων ἐθελόντων διδόναι εἰς βάσανον ἐγὼ μὴ ἐδεξάμην,
   τούτοις ἂν ἦν ταῦτα τεκμήρια. τὸ αὐτὸ οὖν τοῦτο καὶ ἐμοὶ
   γενέσθω, εἴπερ ἐμοῦ θέλοντος ἔλεγχον λαβεῖν τοῦ πράγματος

9 Einerseits nämlich wollte ich in der Tat deren Sklaven der Folteruntersuchung (*basanos*)[X] unterziehen, die ja wußten, daß diese Frau, deren Mutter, schon zuvor gegen unseren Vater Tod durch Mittel (*pharmaka*) plante und daß der Vater sie auf frischer Tat ertappte, ferner daß diese es nicht leugnete, außer daß sie behauptete, sie habe das Mittel nicht zum Sterben, sondern als Liebestrank (*philtron*) gegeben.

10 Deswegen also wollte ich einerseits eine derartige Folteruntersuchung (*basanos*)[Y] darüber anstellen, da ich in einer Klageschrift (*grammateion*)[V] meine Anklage gegen diese Frau erhoben hatte. Andererseits forderte ich diese (Prozeßgegner) auf, in meiner Gegenwart selbst die Folterung der Sklaven vorzunehmen, damit diese nicht unter Zwang auf das zu antworten brauchten, was *ich* etwa fragen könnte – vielmehr hätte es mir genügt, nur das zu ermitteln, was in der Klageschrift (*grammateion*)[V] steht. Und gerade das muß für mich als gerechter (*dikaios*) Beweis dafür gelten, daß ich richtig (*orthos*) und gerecht (*dikaios*) den Mörder meines Vaters verfolge – wenn die Sklaven aber leugneten oder nicht übereinstimmende Aussagen machten, dann sollte das Verfahren sie zwingen, das Vorgefallene kundzutun; diese nämlich wird auch diejenigen, die zu einer Falschaussage bereit sind, dazu bringen, die Wahrheit auszusagen.

11 Umgekehrt weiß ich genau, wenn diese (Prozeßgegner) auf die Nachricht von meinem Vorgehen gegen den Mörder meines Vaters gleich zu mir gekommen wären und mir ihre Sklaven hätten übergeben wollen, ich sie aber nicht angenommen hätte, daß sie eben dies als wichtigsten Beweis für ihre Schuldlosigkeit gebrauchen würden. So aber, da einerseits ich von mir aus die Folterung (*basanos*)[Y] anbiete, andererseits diese Leute auffordere, statt meiner nun selbst die Sklaven zu foltern, so wäre doch zu erwarten, eben dies als Beweise dafür zu nehmen, daß sie am Mord schuldig sind.

12 Wenn nämlich diese sie zur Folterung (*basanos*)[Y] stellen wollten, ich sie aber nicht angenommen hätte, so wären dies eben für sie Beweise. Dasselbe soll nun also auch für mich zutreffen, nämlich daß sie trotz meines Wunsches, eine Prüfung der Angelegenheit zu erlangen, diese selbst nicht bewilligen

αὐτοὶ μὴ ἠθέλησαν δοῦναι. δεινὸν δ᾽ ἔμοιγε δοκεῖ εἶναι, εἰ ὑμᾶς μὲν ζητοῦσιν αἰτεῖσθαι ὅπως αὐτῶν μὴ καταψηφίσησθε, αὐτοὶ δὲ σφίσιν αὐτοῖς οὐκ ἠξίωσαν δικασταὶ γενέσθαι δόντες βασανίσαι τὰ αὐτῶν ἀνδράποδα.

13 περὶ μὲν οὖν τούτων οὐκ ἄδηλον ὅτι αὐτοὶ ἔφευγον τῶν πραχθέντων τὴν σαφήνειαν πυθέσθαι· ᾔδεσαν γὰρ οἰκεῖον σφίσι τὸ κακὸν ἀναφανησόμενον, ὥστε σιωπώμενον καὶ ἀβασάνιστον αὐτὸ ἐᾶσαι ἐβουλήθησαν.
ἀλλ᾽ οὐχ ὑμεῖς γε, ὦ ἄνδρες, ἔγωγ᾽ εὖ οἶδα, ἀλλὰ σαφὲς ποιήσετε. ταῦτα μὲν οὖν μέχρι τούτου· περὶ δὲ τῶν γενομένων πειράσομαι ὑμῖν διηγήσασθαι τὴν ἀλήθειαν· δίκη δὲ κυβερνήσειεν.

14 ὑπερῷόν τι ἦν τῆς ἡμετέρας οἰκίας, ὃ εἶχε Φιλόνεως ὁπότ᾽ ἐν ἄστει διατρίβοι, ἀνὴρ καλός τε κἀγαθὸς καὶ φίλος τῷ ἡμετέρῳ πατρί· καὶ ἦν αὐτῷ παλλακή, ἣν ὁ Φιλόνεως ἐπὶ πορνεῖον ἔμελλε καταστῆσαι. ταύτην οὖν πυθομένη ἡ μήτηρ τοῦ ἀδελφοῦ ἐποιήσατο φίλην.

15 αἰσθομένη δ᾽ ὅτι ἀδικεῖσθαι ἔμελλεν ὑπὸ τοῦ Φιλόνεω, μεταπέμπεται, καὶ ἐπειδὴ ἦλθεν, ἔλεξεν αὐτῇ ὅτι καὶ αὐτὴ ἀδικοῖτο ὑπὸ τοῦ πατρὸς τοῦ ἡμετέρου· εἰ οὖν ἐθέλει πείθεσθαι, ἔφη ἱκανὴ εἶναι ἐκείνη τε τὸν Φιλόνεων φίλον ποιῆσαι καὶ αὐτῇ τὸν ἐμὸν πατέρα, εἶναι φάσκουσα αὐτῆς μὲν τοῦτο εὕρημα, ἐκείνης δ᾽ ὑπηρέτημα.

16 ἠρώτα οὖν αὐτὴν εἰ ἐθελήσει διακονῆσαί οἱ, καὶ ἡ ὑπέσχετο τάχιστα, ὡς οἶμαι. μετὰ ταῦτα ἔτυχε τῷ Φιλόνεῳ ἐν Πειραιεῖ ὄντα ἱερὰ Διὶ Κτησίῳ, ὁ δὲ πατὴρ ὁ ἐμὸς εἰς Νάξον πλεῖν ἔμελλεν. κάλλιστον οὖν ἐδόκει εἶναι τῷ Φιλόνεῳ τῆς αὐτῆς ὁδοῦ ἅμα μὲν προπέμψαι εἰς τὸν Πειραιᾶ τὸν πατέρα τὸν ἐμὸν φίλον ὄντα ἑαυτῷ, ἅμα δὲ θύσαντα τὰ ἱερὰ ἑστιᾶσαι ἐκεῖνον.

wollten. Unerhört aber scheint es mir zu sein, daß sie an
euch das Ansinnen stellen wollen, sie nicht zu verurteilen,
während sie selbst nicht ihre eigenen Richter sein wollten,
indem sie ihre eigenen Sklaven zur Folterung stellten.

13 Demnach ist also ganz offenbar, daß sie es selbst vermieden
haben, den klaren Sachverhalt zu erforschen, da sie wußten,
daß die Übeltat (*kakon*) als eine, die ihren eigenen Fami-
lienkreis betrifft, aufgeklärt werden würde; daher zogen sie es
eben vor, die Sache in Schweigen gehüllt und durch die
Nichtanwendung der Folterung (*basanos*)[Y] unerforscht zu lassen.
Aber ihr werdet nicht so handeln, ihr Herren (Richter), das
weiß ich, sondern ihr werdet den Sachverhalt klarstellen.
Hierüber also nun soweit; über das Vorgefallene aber werde
ich versuchen, euch die Wahrheit zu erzählen; das Recht
(*dike*) soll dabei das Steuerruder halten.

14 Unser Haus hatte einen Raum im Obergeschoß, den Philoneos bewohnte, sooft er in der Stadt (Athen)[A] weilte, ein
vornehmer (*kalos kagathos*)[B] Mann und ein Freund unseres
Vaters. Philoneos hatte eine Konkubine (*pallake*)[J], die er in
ein Bordell (*porneion*)[J] abgeben wollte. Die Mutter meines
Bruders, die dies wahrnahm, machte sich nun diese Frau zur
Freundin.

15 Als sie erfuhr, daß die Frau von Philoneos Unrecht erfahren
sollte, ließ sie sie kommen und sagte ihr, als sie gekommen
war, daß auch sie von unserem Vater Unrecht erleide. Wenn
sie sich dazu nun bewegen lasse, so wäre sie imstande, ihr die
Liebe des Philoneos, sich selbst die meines Vaters wieder zu
verschaffen, wobei sie hinzufügte, daß die Methode von ihr
ausfindig gemacht sei, von jener aber angewendet werden
müsse.

16 Sie fragte sie daher, ob sie ihr den Dienst leisten wolle, und
diese versprach es unverzüglich, wie ich meine. Damals fanden nun gerade durch Philoneos im Piräus[G] Opfer zu Ehren
des Zeus Ktesios[L] statt, während mein Vater eben nach Na-
xos[□] segeln wollte. Daher schien es Philoneos eine sehr
schöne Idee, auf demselben Weg meinen Vater, seinen
Freund, zum Piräus zu begleiten, Opfer darzubringen und
ihn so zu bewirten[L].

17 ἡ οὖν παλλακὴ τοῦ Φιλόνεω ἠκολούθει τῆς θυσίας ἕνεκεν. καὶ ἐπειδὴ ἦσαν ἐν τῷ Πειραιεῖ, οἷον εἰκός, ἔθυεν. καὶ ἐπειδὴ αὐτῷ ἐτέθυτο τὰ ἱερά, ἐντεῦθεν ἐβουλεύετο ἡ ἄνθρωπος ὅπως ἂν αὐτοῖς τὸ φάρμακον δοίη, πότερα πρὸ δείπνου ἢ ἀπὸ δείπνου. ἔδοξεν οὖν αὐτῇ βουλευομένῃ βέλτιον εἶναι μετὰ δεῖπνον δοῦναι, τῆς Κλυταιμνήστρας ταύτης {τῆς τούτου μητρὸς} ταῖς ὑποθήκαις ἅμα διακονοῦσαν.

18 καὶ τὰ μὲν ἄλλα μακρότερος ἂν εἴη λόγος περὶ τοῦ δείπνου ἐμοί τε διηγήσασθαι ὑμῖν τ᾽ ἀκοῦσαι · ἀλλὰ πειράσομαι τὰ λοιπὰ ὡς ἐν βραχυτάτοις ὑμῖν διηγήσασθαι, ὡς γεγένηται ἡ δόσις τοῦ φαρμάκου. ἐπειδὴ γὰρ ἐδεδειπνήκεσαν, οἷον εἰκός, ὁ μὲν θύων Διὶ Κτησίῳ κἀκεῖνον ὑποδεχόμενος, ὁ δ᾽ ἐκπλεῖν τε μέλλων καὶ παρ᾽ ἀνδρὶ ἑταίρῳ αὐτοῦ δειπνῶν, σπονδάς τ᾽ ἐποιοῦντο καὶ λιβανωτὸν ὑπὲρ αὐτῶν ἐπετίθεσαν.

19 ἡ δὲ παλλακὴ τοῦ Φιλόνεω τὴν σπονδὴν ἅμα ἐγχέουσα ἐκείνοις εὐχομένοις ἃ οὐκ ἔμελλε τελεῖσθαι, ὦ ἄνδρες, ἐνέχει τὸ φάρμακον. καὶ ἅμα οἰομένη δεξιὸν ποιεῖν πλέον δίδωσι τῷ Φιλόνεῳ, ἴσως <ὡς>, εἰ δοίη πλέον, μᾶλλον φιλησομένη ὑπὸ τοῦ Φιλόνεω · οὔπω γὰρ ᾔδει ὑπὸ τῆς μητρυιᾶς τῆς ἐμῆς ἐξαπατωμένη, πρὶν ἐν τῷ κακῷ ἤδη ἦν · τῷ δὲ πατρὶ τῷ ἡμετέρῳ ἔλασσον ἐνέχει.

20 καὶ ἐκεῖνοι ἐπειδὴ ἀπέσπεισαν, τὸν ἑαυτῶν φονέα μεταχειριζόμενοι ἐκπίνουσιν ὑστάτην πόσιν. ὁ μὲν οὖν Φιλόνεως εὐθέως παραχρῆμα ἀποθνήσκει, ὁ δὲ πατὴρ ὁ ἡμέτερος εἰς νόσον ἐμπίπτει, ἐξ ἧς καὶ ἀπώλετο εἰκοσταῖος. ἀνθ᾽ ὧν ἡ μὲν διακονήσασα καὶ χειρουργήσασα ἔχει τὰ ἐπίχειρα ὧν ἀξία ἦν, οὐδὲν αἰτία οὖσα – τῷ γὰρ δημοκοίνῳ τροχισθεῖσα παρεδόθη –, ἡ δ᾽ αἰτία τε ἤδη καὶ ἐνθυμηθεῖσα ἕξει, ἐὰν ὑμεῖς τε καὶ οἱ θεοὶ θέλωσιν.

17 Die Konkubine J des Philoneos folgte wegen des Opfers L, und als sie im Piräus G waren, opferte er, wie es zu erwarten war. Als er das Opfer vollendet hatte, da überlegte diese Frauensperson, wie sie ihnen wohl das Mittel (*pharmakon*) reichen könnte, ob vor dem Mahl oder danach. Bei ihrer Überlegung kam sie zu dem Entschluß, daß es vorteilhafter sei, es nach dem Mahl zu geben, und folgte damit zugleich den Weisungen dieser Klytaimnestra J {*Abschriften ergänzen:* seiner Mutter}.

18 Die anderen Vorgänge bei dem Mahl dürften für mich zu langwierig sein zu erzählen und für euch, sie anzuhören. Doch will ich versuchen, euch das Übrige in aller Kürze zu berichten, wie die Verabreichung des Mittels (*pharmakon*) erfolgt ist. Als sie gegessen hatten, wie zu erwarten war, da brachten sie – sowohl der Mann, der dem Zeus Ktesios L opferte und jenen bewirtete, als auch derjenige, der gerade absegeln wollte und bei einem Gefährten ein Mahl einnahm – eine Trankspende L dar und streuten Weihrauch auf den Altar.

19 Die Konkubine J des Philoneos aber goß ihnen, die im Gebet etwas erflehten, das sich, ihr Herren (Richter), nicht erfüllen sollte, die Trankspende L ein und gab zugleich das Mittel (*pharmakon*) hinein; und da sie ja in dem Glauben war, daß sie schlau (*dexion*) handle, gab sie dem Philoneos noch mehr, vielleicht in der Erwartung, wenn sie ihm mehr davon gäbe, würde sie auch mehr von ihm geliebt werden; daß sie von meiner Stiefmutter betrogen wurde, wußte sie nämlich nicht, bevor sie im Unglück (*kakon*) war. Unserem Vater aber goß sie weniger ein.

20 Als sie dann gespendet hatten L, den Becher, ihren Mörder, in der Hand, da tranken sie ihn aus – es war ihr letzter Trunk. Philoneos starb gleich auf der Stelle, unser Vater aber verfiel in eine Krankheit, der er am zwanzigsten Tag erlag. Hierfür nun hat die Frau, die das Werkzeug war, den verdienten Lohn erhalten, obwohl sie gar nicht schuldig war – sie wurde nämlich gerädert und dem Henker übergeben Z –, die aber, die schuld ist, da sie den Plan ausgedacht hat und mitgewirkt hat, wird den Lohn jetzt bekommen, wenn ihr und die Götter es wollen.

21 σκέψασθε οὖν ὅσῳ δικαιότερα ὑμῶν δεήσομαι ἐγὼ ἢ ὁ ἀδελφός. ἐγὼ μέν γε τῷ τεθνεῶτι ὑμᾶς κελεύω καὶ τῷ ἠδικημένῳ τὸν ἀίδιον χρόνον τιμωροὺς γενέσθαι· οὗτος δὲ τοῦ μὲν τεθνεῶτος πέρι οὐδὲν ὑμᾶς αἰτήσεται, ὃς ἄξιος καὶ ἐλέου καὶ βοηθείας καὶ τιμωρίας παρ' ὑμῶν τυχεῖν, ἀθέως καὶ ἀκλεῶς πρὸ τῆς εἱμαρμένης ὑφ' ὧν ἥκιστα ἐχρῆν τὸν βίον ἐκλιπών,

22 ὑπὲρ δὲ τῆς ἀποκτεινάσης δεήσεται ἀθέμιτα καὶ ἀνόσια καὶ ἀτέλεστα καὶ ἀνήκουστα καὶ θεοῖς καὶ ὑμῖν, δεόμενος ὑμῶν ἃ αὐτὴ ἑαυτὴν οὐκ ἔπεισε μὴ κακοτεχνῆσαι. ὑμεῖς δ' οὐ τῶν ἀποκτεινάντων ἐστὲ βοηθοί, ἀλλὰ τῶν ἐκ προνοίας ἀποθνῃσκόντων, καὶ ταῦτα ὑφ' ὧν ἥκιστα ἐχρῆν αὐτοὺς ἀποθνῄσκειν. ἤδη οὖν ἐν ὑμῖν ἐστι τοῦτ' ὀρθῶς διαγνῶναι, ὃ καὶ ποιήσατε.

23 δεήσεται δ' ὑμῶν οὗτος μὲν ὑπὲρ τῆς μητρὸς τῆς αὑτοῦ ζώσης, τῆς ἐκεῖνον διαχρησαμένης ἀβούλως τε καὶ ἀθέως, ὅπως δίκην μὴ δῷ, ἂν ὑμᾶς πείθῃ, ὧν ἠδίκηκεν· ἐγὼ δ' ὑμᾶς ὑπὲρ τοῦ πατρὸς τοὐμοῦ τεθνεῶτος αἰτοῦμαι, ὅπως παντὶ τρόπῳ δῷ· ὑμεῖς δέ, ὅπως διδῶσι δίκην οἱ ἀδικοῦντες, τούτου γε ἕνεκα καὶ δικασταὶ ἐγένεσθε καὶ ἐκλήθητε.

24 καὶ ἐγὼ μὲν ἐπεξέρχομαι {λέγων}, ἵνα δῷ δίκην ὧν ἠδίκηκε καὶ τιμωρήσω τῷ τε πατρὶ τῷ ἡμετέρῳ καὶ τοῖς νόμοις τοῖς ὑμετέροις· ταύτῃ καὶ ἄξιόν μοι βοηθῆσαι ὑμᾶς ἅπαντας, εἰ ἀληθῆ λέγω· οὗτος δὲ τἀναντία, ὅπως ἡ τοὺς νόμους παριδοῦσα μὴ δῷ δίκην ὧν ἠδίκηκε, ταύτῃ βοηθὸς καθέστηκε.

21 Erwägt nun, wieviel gerechter der Antrag ist, den ich euch vorstellen werde, als der (in der zu erwartenden[W] Verteidigungsrede) meines Bruders. Ich fordere euch auf, für den Toten und den, dem für ewige Zeiten Unrecht geschehen ist, zu Rächern[V] zu werden; jener aber wird euch für den Toten um nichts bitten, der doch Mitleid, Hilfe und Rache von euch zu erlangen verdient, da er durch die Hand derer, durch die dies am wenigsten geschehen durfte, in ruchloser (*atheos*) und schimpflicher (*akleos*) Weise vor der Zeit sein Leben hat lassen müssen.

22 Für die Mörderin aber wird er Fürbitte einlegen und dabei von euch viel Gesetzloses (*athemiton*), Unfrommes (*anhosion*), Unerfüllbares (*ateleston*) und bei den Göttern wie bei euch Unerhörtes (*anekouston*) verlangen für sie, die sich selbst nicht dazu bewegen ließ, gegen ihren Mann ohne Arglist zu handeln. Ihr (Richter) aber bringt nicht Hilfe den Mördern, sondern denen, die aus Vorsatz (*pronoia*) getötet werden, und zwar hier von denen, durch deren Hand es am wenigsten geschehen durfte. Es liegt also nunmehr in eurer Hand, hierin eine richtige (*orthos*) Entscheidung zu treffen, und das mögt ihr denn auch tun.

23 Es wird euch aber mein Gegner zu Gunsten seiner lebenden Mutter, die jenen böswillig (*aboulos*) und ruchlos (*atheos*) hingemordet hat, bitten, daß ihr sie, sofern er euch dazu bewegen kann, für ihr Unrecht nicht bestraft. Ich dagegen verwende mich bei euch im Interesse meines toten Vaters, daß sie in jeder Weise ihre Strafe erleidet. Ihr aber seid gerade dafür, daß die Unrecht-Täter Buße leisten, zu Richtern gemacht und berufen worden.

24 Ich verfolge den Zweck, daß sie für das von ihr begangene Unrecht bestraft wird und daß ich unserem Vater Rache[V] und euren Gesetzen Geltung verschaffe; darin gebührt es euch auch allen, mir beizustehen, wenn ich die Wahrheit sage. Dieser aber (mein Bruder) steht der Angeklagten als Helfer zur Seite, damit sie, die die Gesetze nicht beachtete, für ihr Unrecht keine Strafe erhält.

25 καίτοι πότερον δικαιότερον τὸν ἐκ προνοίας ἀποκτείναντα δοῦναι δίκην ἢ μή; καὶ πότερον δεῖ οἰκτεῖραι μᾶλλον τὸν τεθνεῶτα ἢ τὴν ἀποκτείνασαν; ἐγὼ μὲν οἶμαι τὸν τεθνεῶτα · καὶ γὰρ δικαιότερον καὶ ὁσιώτερον καὶ πρὸς θεῶν καὶ πρὸς ἀνθρώπων γίγνοιτο ὑμῖν. ἤδη οὖν ἐγὼ ἀξιῶ, ὥσπερ κἀκεῖνον ἀνελεημόνως καὶ ἀνοικτίστως αὕτη ἀπώλεσεν, οὕτω καὶ αὑτήν ταύτην ἀπολέσθαι ὑπό τε ὑμῶν καὶ τοῦ δικαίου.

26 ἡ μὲν γὰρ ἑκουσίως καὶ βουλεύσασα τὸν θάνατον, ὁ δ᾽ ἀκουσίως καὶ βιαίως ἀπέθανε. πῶς γὰρ οὐ βιαίως ἀπέθανεν, ὦ ἄνδρες; ὅς γ᾽ ἐκπλεῖν ἔμελλεν ἐκ τῆς γῆς τῆσδε, παρά τε ἀνδρὶ φίλῳ αὑτοῦ εἱστιᾶτο · ἡ δὲ πέμψασα τὸ φάρμακον καὶ κελεύσασα ἐκείνῳ δοῦναι πιεῖν ἀπέκτεινεν ἡμῶν τὸν πατέρα. πῶς οὖν ταύτην ἐλεεῖν ἄξιόν ἐστιν ἢ αἰδοῦς τυγχάνειν παρ᾽ ὑμῶν ἢ ἄλλου του; ἥτις αὐτὴ οὐκ ἠξίωσεν ἐλεῆσαι τὸν ἑαυτῆς ἄνδρα, ἀλλ᾽ ἀνοσίως καὶ αἰσχρῶς ἀπώλεσεν.

27 οὕτω δέ τοι καὶ ἐλεεῖν ἐπὶ τοῖς ἀκουσίοις παθήμασι μᾶλλον προσήκει ἢ τοῖς ἑκουσίοις καὶ ἐκ προνοίας ἀδικήμασι καὶ ἁμαρτήμασι. καὶ ὥσπερ ἐκεῖνον αὕτη οὔτε θεοὺς οὔθ᾽ ἥρωας οὔτ᾽ ἀνθρώπους αἰσχυνθεῖσα οὐδὲ δείσασ᾽ ἀπώλεσεν, οὕτω καὶ αὐτὴ ὑφ᾽ ὑμῶν καὶ τοῦ δικαίου ἀπολομένη, καὶ μὴ τυχοῦσα μήτ᾽ αἰδοῦς μήτ᾽ ἐλέου μήτ᾽ αἰσχύνης μηδεμιᾶς παρ᾽ ὑμῶν, τῆς δικαιοτάτης ἂν τύχοι τιμωρίας.

25 Doch was ist gerechter (*dikaios*): daß derjenige, der aus Vorsatz (*pronoia*) einen Mord begangen hat, bestraft wird oder nicht? Und wen muß man mehr beklagen, den Toten oder die Mörderin? Ich bin der Meinung: den Toten; das nämlich wird sich auch für euch bei Göttern und Menschen als gerechter (*dikaios*) und frömmer (*hosios*) erweisen. Ich beantrage also nunmehr, daß, wie diese Frau (meine Stiefmutter) jenen ohne Mitleid und Erbarmen umgebracht hat, so auch sie selbst durch euch und die Gerechtigkeit (*to dikaion*) den Tod erleidet.

26 Sie nämlich hat mit Vorbedacht (*hekousios*) und als Anstifterin (*bouleusas*) den Mord begangen, er aber ist eines unverschuldeten (*akousios*) und gewaltsamen (*biaios*) Todes gestorben. Wie nämlich sollte es möglich sein, ihr Herren (Richter), daß er nicht gewaltsam (*biaios*) umkam, er, der doch im Begriff stand, aus diesem Land fortzusegeln, und bei einem befreundeten Mann speiste? Sie aber, die das Mittel (*pharmakon*) schickte mit dem Auftrag, es ihm zum Trinken zu reichen, sie hat unseren Vater getötet. Wie sollte sie es also verdienen, Mitleid zu finden oder von euch oder sonst einem Nachsicht zu erlangen? Hat sie es doch selbst nicht für nötig gehalten, Mitleid mit ihrem eigenen Mann zu hegen, sondern hat ihn unfromm (*anhosios*) und schändlich (*aischros*) umgebracht.

27 So gehört es sich denn auch (*proshekei*) eher, bei unverschuldetem Unglück Mitleid zu üben als bei vorbedachten (*hekousios*) und vorsätzlichen (*pronoia*) Unrechtstaten und Schandtaten (*hamartemata*). Und wie die Angeklagte ohne Scham und Scheu weder vor Göttern noch Heroen noch Menschen jenen umgebracht hat, so wird sie auch wohl selbst, von euch und der Gerechtigkeit (*to dikaion*) vernichtet und ohne von eurer Seite weder Nachsicht noch Mitleid noch irgendwelche Rücksicht zu genießen, der gerechtesten Strafe/Rache[V] verfallen.

28 θαυμάζω δὲ ἔγωγε τῆς τόλμης τοῦ ἀδελφοῦ καὶ τῆς διανοίας, τὸ διομόσασθαι ὑπὲρ τῆς μητρὸς εὖ εἰδέναι μὴ πεποιηκυῖαν ταῦτα. πῶς γὰρ ἄν τις εὖ εἰδείη οἷς μὴ παρεγένετο αὐτός; οὐ γὰρ δήπου μαρτύρων γ᾽ ἐναντίον οἱ ἐπιβουλεύοντες τοὺς θανάτους τοῖς πέλας μηχανῶνταί τε καὶ παρασκευάζουσιν, ἀλλ᾽ ὡς μάλιστα δύνανται λαθραιότατα καὶ ὡς ἀνθρώπων μηδένα εἰδέναι·

29 οἱ δ᾽ ἐπιβουλευόμενοι οὐδὲν ἴσασι, πρίν γ᾽ ἤδη ἐν αὐτῷ ὦσι τῷ κακῷ καὶ γιγνώσκωσι τὸν ὄλεθρον ἐν ᾧ εἰσί. τότε δέ, ἐὰν μὲν δύνωνται καὶ φθάνωσι πρὶν ἀποθανεῖν, καὶ φίλους καὶ ἀναγκαίους τοὺς σφετέρους ‹αὐτῶν› καλοῦσι καὶ μαρτύρονται, καὶ λέγουσιν αὐτοῖς ὑφ᾽ ὧν ἀπόλλυνται, καὶ ἐπισκήπτουσι τιμωρῆσαι σφίσιν αὐτοῖς ἠδικημένοις·

30 ἃ κἀμοὶ παιδὶ ὄντι ὁ πατήρ, τὴν ἀθλίαν καὶ τελευταίαν νόσον νοσῶν, ἐπέσκηπτεν. ἐὰν δὲ τούτων ἁμαρτάνωσι, γράμματα γράφουσι, καὶ οἰκέτας τοὺς σφετέρους αὐτῶν ἐπικαλοῦνται μάρτυρας, καὶ δηλοῦσιν ὑφ᾽ ὧν ἀπόλλυνται. κἀκεῖνος ἐμοὶ νέῳ ἔτι ὄντι ταῦτα ἐδήλωσε καὶ ἐπέστειλε, ὦ ἄνδρες, οὐ τοῖς ἑαυτοῦ δούλοις.

31 ἐμοὶ μὲν οὖν διήγηται καὶ βεβοήθηται τῷ τεθνεῶτι καὶ τῷ νόμῳ· ἐν ὑμῖν δ᾽ ἐστὶ σκοπεῖν τὰ λοιπὰ πρὸς ὑμᾶς αὐτοὺς καὶ δικάζειν τὰ δίκαια. οἶμαι δὲ καὶ τοῖς θεοῖς τοῖς κάτω μέλειν οἳ ἠδίκηνται.

28 Ich wundere mich schließlich über die Kühnheit und Denkweise meines Bruders, mit der er im Interesse seiner Mutter geschworen hat, genau zu wissen, daß sie diese Tat nicht begangen hat. Wie nämlich mag jemand etwas genau kennen, bei dem er selbst nicht zugegen war? Diejenigen nämlich, die gegen ihre Nächsten den Tod zu bewerkstelligen suchen, bereiten und vollführen ihn doch wohl nicht vor Zeugen, sondern so geheim sie können, und so, daß niemand von den Menschen es weiß.

29 Die aber, die einem Anschlag zum Opfer fallen, wissen nichts, bis sie erst im Unglück (*kakon*) selbst sind und das Verderben erkennen, dem sie verfallen sind. Dann aber, falls sie es noch können, bevor sie sterben, rufen sie ihre Freunde und Verwandten herbei und machen sie zu Zeugen, nennen ihnen den Mörder und legen ihnen die Verpflichtung der Rache[V] für die erlittenen Unrechtstaten auf.

30 Dies hat auch mein Vater auf seinem unseligen und letzten Krankenlager mir als seinem Kind aufgetragen. Wenn es ihnen aber an diesen Verwandten fehlt, dann zeichnen sie es schriftlich auf, rufen ihre eigenen Haussklaven als Zeugen herbei und offenbaren ihnen den Mörder. Mir aber hat jener trotz meiner Jugend die Tat offenbart und mir eine solche Verpflichtung auferlegt, ihr Herren (Richter), und nicht seinen Sklaven.

31 Von mir ist nun die Sache dargelegt und Hilfe geleistet worden für den Toten und das Gesetz. Eure Aufgabe aber ist es, das Übrige bei euch selbst zu prüfen, und ein gerechtes Urteil zu fällen (*dikazein ta dikaia*). Ich glaube aber, daß auch die Götter in der Unterwelt über diejenigen wachen, gegen die Unrecht getan worden ist.

ΑΠΟΛΛΟΔΩΡΟΥ
ΚΑΤΑ ΝΕΑΙΡΑΣ

APOLLODOROS
REDE GEGEN NEAIRA
(Demosthenes 59)

κατὰ Νεαίρας*

1 πολλά με τὰ παρακαλοῦντα ἦν, ὦ ἄνδρες Ἀθηναῖοι, γράψασθαι
   Νέαιραν τὴν γραφὴν ταυτηνὶ καὶ εἰσελθεῖν εἰς ὑμᾶς. καὶ γὰρ
   ἠδικήμεθα ὑπὸ Στεφάνου μεγάλα, καὶ εἰς κινδύνους τοὺς

* Libanios, Inhaltsangaben zu den Reden des Demosthenes,
   25: ὑπόθεσις τοῦ κατὰ Νεαίρας λόγου · (1) καὶ τοῦτον τὸν
   λόγον οὐκ οἴονται Δημοσθένους εἶναι ὕπτιον ὄντα καὶ πολλαχῇ
   τῆς τοῦ ῥήτορος δυνάμεως ἐνδεέστερον. ὑπόθεσιν δὲ ἔχει
   τοιαύτην. (2) νόμου κελεύοντος, ἐὰν ἀνδρὶ Ἀθηναίῳ ξένη
   συνοικῇ, πεπρᾶσθαι ταύτην, κατὰ τοῦτον τὸν νόμον ἐπὶ Νέαιραν ἥκει Θεόμνηστος λέγων συνοικεῖν αὐτὴν Στεφάνῳ γεγονυῖ-
   αν μὲν δούλην Νικαρέτης, ἑταιρήσασαν δὲ πρότερον, νῦν δὲ
   Στεφάνῳ νόμῳ συνοικοῦσαν καὶ πεπαιδοποιημένην ἐξ αὐτοῦ.
   (3) ὁ δὲ Στέφανος οὐχ ὁμολογεῖ ταῦτα, ἀλλὰ συνεῖναι μὲν αὐτῇ
   φησιν, ὡς ἑταίρᾳ δὲ καὶ οὐ γυναικί, καὶ τοὺς παῖδας οὐκ ἐκ
   ταύτης ἔχειν. πρὸς ὅπερ ὁ κατήγορος ἀνθιστάμενος οὐκ ὀλίγα
   τεκμήρια παρέχεται ὡς γυναῖκα συνοικεῖν αὐτήν. (4) γίνεται
   τοίνυν ἡ στάσις τοῦ λόγου στοχαστική · περὶ γὰρ οὐσίας τὸ
   ζήτημα καὶ οὔτε περὶ ἰδιότητος οὔτε περὶ ποιότητος. τὰ μὲν οὖν
   πρῶτα τοῦ λόγου Θεόμνηστος λέγει, ἔπειτα συνήγορον Ἀπολλόδωρον καλεῖ κηδεστὴν ὄντα ἑαυτοῦ, κἀκεῖνος τὸν ἀγῶνα
   ποιεῖται.
   Scholion in Codex Parisinus graecus 2935 (Υ): ἡ στάσις τοῦ
   λόγου στοχαστική. περὶ γὰρ οὐσίας τὸ ζήτημα καὶ οὔτε περὶ
   ἰδιότητος οὔτε περὶ ποιότητος. λέγει δὲ Θεόμνηστος. διαγρά-
   φονται δέ τινες καὶ τοῦτον τὸν λόγον ὡς οὐ γνήσιον.

Rede gegen Neaira[*]

(Rede des Theomnestos)

1 Viele Beweggründe haben mich veranlaßt, ihr Männer von
Athen, diese Schriftklage *(graphe)*[V†] hier gegen Neaira einzu-
reichen und vor euch aufzutreten. Es ist uns nämlich durch
Stephanos schweres Unrecht geschehen und wir sind durch

---

[*] Libanios: Inhalt der Rede gegen Neaira. (1) Auch diese Rede
halten manche nicht für eine des Demosthenes, weil sie gedehnt ist und in vieler Hinsicht hinter der Kraft dieses Redners zurückbleibt. Sie hat folgenden Inhalt: (2) Ein Gesetz
bestimmte, daß, wenn mit einem athenischen Mann (Bürger)
eine Fremde in Ehegemeinschaft[I] lebt, diese (in die Sklaverei)
verkauft werden solle; gemäß diesem Gesetz tritt gegen
Neaira Theomnestos auf und behauptet, daß sie mit Stephanos in Ehegemeinschaft lebe, obgleich sie zuvor eine Sklavin
der Nikarete und einst eine Hetäre[J] gewesen war, jetzt aber
mit Stephanos nach dem Gesetz in Ehegemeinschaft lebe
und mit ihm Kinder gemacht habe. (3) Stephanos gesteht
dies nicht zu, sondern behauptet, daß er mit ihr als einer
Hetäre zusammensei und nicht als seiner Ehefrau und daß
die Kinder nicht von ihr stammten. Dem widerspricht der
Ankläger und bietet nicht geringe Zeugnisse dafür, daß sie als
seine Frau mit ihm in Ehegemeinschaft lebe. (4) Es ist also
die Anlage der Rede fortschreitend. Um das Wesen geht es
und nicht um die Eigenart und auch nicht um die Qualität.
Den ersten Teil der Rede spricht Theomnestos, dann ruft er
als *synegoros*[X] den Apollodoros auf, der sein Schwager/
Schwiegervater[I] ist, und jener führt den Prozeß *(agon)*[X].
Scholion in Y: Die Anlage der Rede (ist) fortschreitend. Um
das Wesen geht es und nicht um die Eigenart und auch nicht
um die Qualität. Es spricht Theomnestos. Manche geben an,
daß auch diese Rede nicht echt ist.

[†] Die hochgestellten Buchstaben beziehen sich auf die systematische Einleitung S.11ff., die hochgestellten Quadrate auf
die Kartenskizzen S.148f.

ἐσχάτους κατέστημεν ὑπ᾿ αὐτοῦ, ὅ τε κηδεστὴς καὶ ἐγὼ καὶ ἡ
ἀδελφὴ καὶ ἡ γυνὴ ἡ ἐμή, ὥστε οὐχ ὑπάρχων ἀλλὰ τιμωρού-
μενος ἀγωνιοῦμαι τὸν ἀγῶνα τουτονί · τῆς γὰρ ἔχθρας πρότερος οὗτος ὑπῆρξεν, οὐδὲν ὑφ᾿ ἡμῶν πώποτε οὔτε λόγῳ οὔτε
ἔργῳ κακὸν παθών. βούλομαι δ᾿ ὑμῖν προδιηγήσασθαι πρῶτον
ἃ πεπόνθαμεν ὑπ᾿ αὐτοῦ, ἵνα μᾶλλόν μοι συγγνώμην ἔχητε
ἀμυνομένῳ, καὶ ὡς εἰς ‹τοὺς› ἐσχάτους κινδύνους κατέστημεν
περί τε τῆς πατρίδος καὶ περὶ ἀτιμίας.

2 ψηφισαμένου γὰρ τοῦ δήμου τοῦ Ἀθηναίων Ἀθηναῖον εἶναι
Πασίωνα καὶ ἐκγόνους τοὺς ἐκείνου διὰ τὰς εὐεργεσίας τὰς εἰς
τὴν πόλιν, ὁμογνώμων καὶ ὁ πατὴρ ἐγένετο ὁ ἐμὸς τῇ τοῦ
δήμου δωρεᾷ, καὶ ἔδωκεν Ἀπολλοδώρῳ τῷ υἱεῖ τῷ ἐκείνου
θυγατέρα μὲν αὑτοῦ, ἀδελφὴν δὲ ἐμήν, ἐξ ἧς Ἀπολλοδώρῳ οἱ
παῖδές εἰσιν. ὄντος δὲ χρηστοῦ τοῦ Ἀπολλοδώρου περί τε τὴν
ἀδελφὴν τὴν ἐμὴν καὶ περὶ ἡμᾶς ἅπαντας, καὶ ἡγουμένου τῇ
ἀληθείᾳ οἰκείους ὄντας κοινωνεῖν πάντων τῶν ὄντων, ἔλαβον καὶ
ἐγὼ γυναῖκα Ἀπολλοδώρου μὲν θυγατέρα, ἀδελφιδῆν δ᾿ ἐμαυτοῦ.

3 προεληλυθότος δὲ χρόνου λαγχάνει βουλεύειν Ἀπολλόδωρος ·
δοκιμασθεὶς δὲ καὶ ὀμόσας τὸν νόμιμον ὅρκον, συμβάντος τῇ
πόλει καιροῦ τοιούτου καὶ πολέμου, ἐν ᾧ ἦν ἢ κρατήσασιν ὑμῖν
μεγίστοις τῶν Ἑλλήνων εἶναι καὶ ἀναμφισβητήτως τά τε ὑμέτερα αὐτῶν κεκομίσθαι καὶ καταπεπολεμηκέναι Φίλιππον, ἢ
ὑστερίσαι τῇ βοηθείᾳ καὶ προεμένοις τοὺς συμμάχους, δι᾿
ἀπορίαν χρημάτων καταλυθέντος τοῦ στρατοπέδου, τούτους τ᾿
ἀπολέσαι καὶ τοῖς ἄλλοις Ἕλλησιν ἀπίστους εἶναι δοκεῖν, καὶ
κινδυνεύειν περὶ τῶν ὑπολοίπων, περί τε Λήμνου καὶ Ἴμβρου
καὶ Σκύρου καὶ Χερρονήσου,

ihn in äußerste Gefahren verwickelt worden – mein Schwa-
ger/Schwiegervater (*kedestes*)[I], ich selbst, meine Schwester
und meine Frau; daher geschieht es nicht, um Streit anzufan-
gen, sondern um Rache[V] zu üben, daß ich diesen Prozeß
(*agon*)[X] jetzt anstrenge. Jener nämlich hat die Feindseligkeiten
begonnen, ohne je durch Wort oder Tat von uns etwas
Schlechtes erlitten zu haben. Ich will euch aber vorab erzählen, was wir von ihm erlitten haben, damit ihr mir um so
mehr verzeiht, wenn ich mich nun wehre, und damit ich
euch überzeuge, daß wir wirklich in die äußersten Gefahren
in Bezug auf den Verlust der Heimat (durch Verbannung, s.
10) und der bürgerlichen Rechte (*atimia*[Z], s. **6**) verwickelt
worden sind.

2 Als das Volk von Athen den Beschluß (*psephisma*)[N] faßte, daß
Pasion ein Athener (Bürger) sein solle, ebenso seine Nachkommen, wegen der Verdienste (*euergesiai*)[F] um den Staat, gab
auch mein Vater – in Einklang mit diesem Geschenk[F] des
Volkes – seine Tochter, meine Schwester, dem Apollodoros,
Sohn des genannten (Pasion), zur Frau, von der Apollodoros
nun die Kinder hat. Da Apollodoros sich sowohl gegenüber
meiner Schwester als auch gegenüber uns allen sehr freund-
lich verhielt und uns in Wahrheit wie seine Angehörigen behandelte und an allem, was er hatte, teilhaben ließ, nahm
auch ich die Tochter des Apollodoros zur Frau, meine Nichte[I].

3 Im Laufe der Zeit wurde Apollodoros durch das Los[O] in den
Rat (*boule*)[P] bestimmt, nachdem er die Überprüfung (*dokimasia*)[O] bestanden und den gesetzlichen Eid[P] geleistet hatte. Damals (349/48 v.Chr.) trat gerade im Krieg[D] ein Zeitpunkt
ein, zu dem wir entweder als Sieger die Mächtigsten unter
den Griechen werden und sowohl zweifellos das Unsrige
wiedergewinnen als auch König Philipp (II. von Makedonien[□]) niederringen konnten, oder zu dem, wenn wir mit
unserer Hilfeleistung zu spät kamen und die Bundesgenossen
im Stich ließen, aus Mangel an Kriegsmitteln eine Auflösung
des Heeres eintreten würde, wir die Bundesgenossen verlieren, bei den übrigen Griechen als unzuverlässig gelten und
in Gefahr kommen würden, noch unsere übrigen Besitzun-
gen[A] in Lemnos[□], Imbros[□], Skyros[□] und auf der Chersones[□]
zu verlieren.

4 καὶ μελλόντων στρατεύεσθαι ὑμῶν πανδημεὶ εἴς τε Εὔβοιαν καὶ Ὄλυνθον, ἔγραψε ψήφισμα ἐν τῇ βουλῇ Ἀπολλόδωρος βουλεύων καὶ ἐξήνεγκε προβούλευμα εἰς τὸν δῆμον, λέγον διαχειροτονῆσαι τὸν δῆμον εἴτε δοκεῖ τὰ περιόντα χρήματα τῆς διοικήσεως στρατιωτικὰ εἶναι εἴτε θεωρικά, κελευόντων μὲν τῶν νόμων, ὅταν πόλεμος ᾖ, τὰ περιόντα χρήματα τῆς διοικήσεως στρατιωτικὰ εἶναι, κύριον δ᾽ ἡγούμενος δεῖν τὸν δῆμον εἶναι περὶ τῶν αὑτοῦ ὅ τι ἂν βούληται πρᾶξαι, ὀμωμοκὼς δὲ τὰ βέλτιστα βουλεύσειν τῷ δήμῳ τῷ Ἀθηναίων, ὡς ὑμεῖς πάντες ἐμαρτυρήσατε ἐν ἐκείνῳ τῷ καιρῷ.

5 γενομένης γὰρ τῆς διαχειροτονίας, οὐδεὶς ἀντεχειροτόνησεν ὡς οὐ δεῖ τοῖς χρήμασι τούτοις στρατιωτικοῖς χρῆσθαι, ἀλλὰ καὶ νῦν ἔτι, ἄν που λόγος γένηται, παρὰ πάντων ὁμολογεῖται ὡς τὰ βέλτιστα εἰπὼν ἄδικα πάθοι. τῷ οὖν ἐξαπατήσαντι τῷ λόγῳ τοὺς δικαστὰς δίκαιον ὀργίζεσθαι, οὐ τοῖς ἐξαπατηθεῖσιν. γραψάμενος γὰρ παρανόμων τὸ ψήφισμα Στέφανος οὑτοσὶ καὶ εἰσελθὼν εἰς τὸ δικαστήριον, ἐπὶ διαβολῇ ψευδεῖς μάρτυρας παρασχόμενος καὶ ἔξω τῆς γραφῆς πολλὰ κατηγορῶν, εἷλε τὸ ψήφισμα.

6 καὶ τοῦτο μὲν εἰ αὑτῷ ἐδόκει διαπράξασθαι, οὐ χαλεπῶς φέρομεν· ἀλλ᾽ ἐπειδὴ περὶ τοῦ τιμήματος ἐλάμβανον τὴν ψῆφον οἱ δικασταί, δεομένων ἡμῶν συγχωρῆσαι οὐκ ἤθελεν, ἀλλὰ πεντεκαίδεκα ταλάντων ἐτιμᾶτο, ἵνα ἀτιμώσειεν αὐτὸν καὶ παῖδας τοὺς ἐκείνου, καὶ τὴν ἀδελφὴν τὴν ἐμὴν καὶ ἡμᾶς

4 Als ihr nun im Begriff wart, mit eurer ganzen Macht einen
Feldzug[D] nach Euboia□ und Olynthos□ zu unternehmen, ver-
faßte Apollodoros als Mitglied des Rats (*boule*)[P] im Rat einen
Beschluß (*psephisma*)[N] und brachte ihn als Beratungsvorschlag
(*probouleuma*)[P] vor das Volk, daß darüber in der Volksversammlung[E] offen abgestimmt (*diacheirotonein*)[N] werde, ob die
Überschüsse der Verwaltungsgelder in den Fonds für Militäraufgaben (*stratiotika*)[T] oder in den für öffentliche Aufgaben
(*theorika*)[T] eingehen sollten. Die Gesetze ordneten freilich
ohnehin an, daß im Kriegsfall die Überschüsse der Verwaltungsgelder in den Fonds für Militäraufgaben eingehen müß-
ten, doch er (Apollodoros) vertrat die Ansicht, daß das Volk
in Bezug auf seinen Besitz die Macht haben müsse (*kyrios*)[E],
alles zu tun, was es wolle; auch hatte er geschworen, dem
Volk der Athener zum Besten zu raten[P], wie ihr alle zu jenem
Zeitpunkt bezeugt habt.

5 Als nun die offene Abstimmung (*diacheirotonia*)[N] vollzogen
wurde, stimmte niemand dagegen, daß jene Beträge in den
Fonds für Militäraufgaben[T] eingehen sollten – und auch
jetzt, wenn irgendwo die Rede davon ist, wird von allen anerkannt, daß er damals zum Besten geraten hatte[P] und nun Unrecht erleidet. Es ist daher nur gerecht, daß derjenige unseren
Zorn erregt, der die Richter durch Worte überlistet hat, nicht
aber diejenigen, die hintergangen worden sind. Es erhob
nämlich dieser Stephanos hier eine Schriftklage wegen eines
gesetzwidrigen Antrags (*graphe paranomon*)[V] gegen den Beschluß (*psephisma*)[N] und brachte sie vor das Gericht, wobei er
als Verleumder handelte, lügnerische Zeugen aufstellte, viele
der Schriftklage ganz fremde Anschuldigungen vorbrachte –
und so die Aufhebung des Beschlusses erreichte.

6 Wenn es ihm damit genug gewesen wäre, so würde ich ihm
das nicht mehr nachtragen. Doch als die Richter wegen der
Strafsumme[Z] zum Stimmplättchen (*psephos*)[Z] griffen und wir
um nachsichtige Behandlung baten, ging er darauf nicht ein,
sondern beantragte eine Strafsumme von 15 Talenten[S], um
ihn (den Apollodoros) dem Verlust der bürgerlichen Rechte
(*atimia*)[Z] auszuliefern – und mit ihm seine Kinder und meine

ἅπαντας εἰς τὴν ἐσχάτην ἀπορίαν καταστήσειεν καὶ ἔνδειαν ἁπάντων.

7 ἡ μὲν γὰρ οὐσία οὐδὲ τριῶν ταλάντων πάνυ τι ἦν, ὥστε δυνηθῆναι ἐκτεῖσαι τοσοῦτον ὄφλημα· μὴ ἐκτεισθέντος δὲ τοῦ ὀφλήματος ἐπὶ τῆς ἐνάτης πρυτανείας, διπλοῦν ἔμελλεν ἔσεσθαι τὸ ὄφλημα καὶ ἐγγραφήσεσθαι Ἀπολλόδωρος τριάκοντα τάλαντα ὀφείλων τῷ δημοσίῳ· ἐγγεγραμμένου δὲ τῷ δημοσίῳ, ἀπογραφήσεσθαι ἔμελλεν ἡ ὑπάρχουσα οὐσία Ἀπολλοδώρῳ δημοσία εἶναι, πραθείσης δ᾽ αὐτῆς εἰς τὴν ἐσχάτην ἀπορίαν καταστήσεσθαι καὶ αὐτὸς καὶ παῖδες οἱ ἐκείνου καὶ γυνὴ καὶ ἡμεῖς ἅπαντες.

8 ἔτι δὲ καὶ ἡ ἑτέρα θυγάτηρ ἀνέκδοτος ἔμελλεν ἔσεσθαι· τίς γὰρ ἄν ποτε παρ᾽ ὀφείλοντος τῷ δημοσίῳ καὶ ἀποροῦντος ἔλαβεν ἄπροικον; οὐκοῦν τηλικούτων κακῶν αἴτιος ἡμῖν πᾶσιν ἐγίγνετο, οὐδὲν πώποτε ὑφ᾽ ἡμῶν ἠδικημένος. τοῖς μὲν οὖν δικασταῖς τοῖς τότε δικάσασι πολλὴν χάριν κατά γε τοῦτο ἔχω, ὅτι οὐ περιεῖδον αὐτὸν ἁρπασθέντα, ἀλλ᾽ ἐτίμησαν ταλάντου, ὥστε δυνηθῆναι ἐκτεῖσαι μόλις· τούτῳ δὲ δικαίως τὸν αὐτὸν ἔρανον ἐνεχειρήσαμεν ἀποδοῦναι.

9 καὶ γὰρ οὐ μόνον ταύτῃ ἐζήτησεν ἀνελεῖν ἡμᾶς, ἀλλὰ καὶ ἐκ τῆς πατρίδος αὐτὸν ἐβουλήθη ἐκβαλεῖν. ἐπενέγκας γὰρ αὐτῷ αἰτίαν ψευδῆ {ὡς ὦφλε τῷ δημοσίῳ ἐκ πέντε καὶ εἴκοσιν ἐτῶν} ὡς Ἀφίδναζέ ποτε ἀφικόμενος ἐπὶ δραπέτην αὐτοῦ ζητῶν πατάξειε γυναῖκα καὶ ἐκ τῆς πληγῆς τελευτήσειεν ἡ ἄνθρωπος, παρασκευασάμενος ἀνθρώπους δούλους καὶ κατασκευάσας ὡς Κυρηναῖοι εἴησαν, προεῖπεν αὐτῷ ἐπὶ Παλλαδίῳ φόνου.

10 καὶ ἔλεγεν τὴν δίκην Στέφανος οὑτοσί, διομοσάμενος ὡς ἔκτεινεν Ἀπολλόδωρος τὴν γυναῖκα αὐτοχειρίᾳ, ἐξώλειαν αὑτῷ

Schwester und uns alle in die größte Bedrängnis und Armut zu versetzen.

7 Apollodoros' Vermögen betrug nämlich nicht einmal insgesamt 3 Talente[S], eine so hohe Strafsumme zu bezahlen. Wurde aber die Strafe nicht bis zur 9. Prytanie[R] bezahlt, verdoppelte sie sich, so daß dann Apollodoros als Staatsschuldner[Z] mit 30 Talenten[S] hätte eingetragen werden müssen. Nach einer solchen Eintragung wäre sein vorhandenes Vermögen (auf Antrag) aufgeschrieben (und nötigenfalls beschlagnahmt und verkauft) worden.[Z] Hätte man es verkauft, so wären er und seine Kinder und seine Frau und wir alle in die äußerste Armut versetzt worden.

8 Außerdem hätte man dann auch seine andere Tochter (meine Schwägerin) nicht (mit einer Mitgift[I]) ausstatten können. Wer nämlich hätte die Tochter eines Mannes, der als Staatsschuldner[Z] völlig mittellos geworden wäre, ohne Mitgift geheiratet? So viel Schlechtes also wollte Stephanos uns allen zufügen, ohne daß ihm jemals von uns Unrecht geschehen war. Ich fühlte mich aber den damaligen Richtern zu großem Dank dafür verpflichtet, daß sie ihn (Apollodoros) nicht völlig der Ausraubung preisgaben, sondern nur zu einer Strafsumme[Z] von 1 Talent[S] verurteilten, die er – wenn auch kaum – aufbringen konnte. Wir also suchen nun diesem Menschen gerechterweise mit gleicher Münze heimzuzahlen.

9 Er (Stephanos) hatte nämlich nicht nur damals an unserem Untergang gearbeitet, sondern auch ihn (Apollodoros) aus dem Vaterland zu vertreiben[Z] beabsichtigt. Er bürdete ihm lügenhafterweise die Beschuldigung auf, er habe einmal, als er nach Aphidna[G] kam und dort einen entlaufenen Sklaven suchte, eine Frau geschlagen – und diese Frauensperson sei an dem Schlag gestorben. Er (Stephanos) bereitete daraufhin einige Sklaven vor, verkleidete sie als Männer aus Kyrene[□] und erhob öffentlich eine Anklage beim (Gericht im) Palladion[X] wegen Mordes (*dike phonou*)[V].

10 Und dieser Stephanos hier brachte eine Privatklage (*dike*)[V] ein, indem er durch einen Eid[Y] beteuerte, Apollodoros habe die Frau mit seiner eigenen Hand umgebracht, und er sprach

καὶ γένει καὶ οἰκίᾳ ἐπαρασάμενος, ἃ οὔτ᾽ ἐγένετο οὔτ᾽ εἶδεν οὔτ᾽ ἤκουσεν οὐδενὸς πώποτε ἀνθρώπων. ἐξελεγχθεὶς δ᾽ ἐπιορκῶν καὶ ψευδῆ αἰτίαν ἐπιφέρων, καὶ καταφανὴς γενόμενος μεμισθωμένος ὑπὸ Κηφισοφῶντος καὶ Ἀπολλοφάνους ὥστ᾽ ἐξελάσαι Ἀπολλόδωρον ἢ ἀτιμῶσαι ἀργύριον εἰληφώς, ὀλίγας ψήφους μεταλαβὼν ἐκ πεντακοσίων δραχμῶν, ἀπῆλθεν ἐπιωρκηκὼς καὶ δόξας πονηρὸς εἶναι.

11 σκοπεῖτε δὴ αὐτοί, ὦ ἄνδρες δικασταί, ἐκ τῶν εἰκότων λογιζόμενοι πρὸς ὑμᾶς αὐτούς, τί ἂν ἐχρησάμην ἐμαυτῷ καὶ τῇ γυναικὶ καὶ τῇ ἀδελφῇ, εἴ τι Ἀπολλοδώρῳ συνέβη παθεῖν ὧν Στέφανος οὑτοσὶ ἐπεβούλευσεν αὐτῷ, ἢ ἐν τῷ προτέρῳ ἢ ἐν τῷ ὑστέρῳ ἀγῶνι; ἢ ποίᾳ αἰσχύνῃ οὐκ ἂν καὶ συμφορᾷ περιπεπτωκὼς ἦν;
12 παρακαλούντων δή με ἁπάντων, ἰδίᾳ προσιόντων μοι, ἐπὶ τιμωρίαν τρέπεσθαι ὧν ἐπάθομεν ὑπ᾽ αὐτοῦ, καὶ ὀνειδιζόντων μοι ἀνανδρότατον ἀνθρώπων εἶναι, εἰ οὕτως οἰκείως ἔχων τὰ πρὸς τούτους μὴ λήψομαι δίκην ὑπὲρ ἀδελφῆς καὶ κηδεστοῦ καὶ ἀδελφιδῶν καὶ γυναικὸς ἐμαυτοῦ, μηδὲ τὴν περιφανῶς εἰς τοὺς θεοὺς ἀσεβοῦσαν καὶ εἰς τὴν πόλιν ὑβρίζουσαν καὶ τῶν νόμων καταφρονοῦσαν τῶν ὑμετέρων εἰσαγαγὼν εἰς ὑμᾶς καὶ ἐξελέγξας τῷ λόγῳ ὡς ἀδικεῖ, κυρίους καταστήσω ὅ τι ἂν βούλησθε χρῆσθαι αὐτῇ,
13 καὶ ὥσπερ Στέφανος οὑτοσὶ ἐμὲ ἀφῃρεῖτο τοὺς οἰκείους παρὰ τοὺς νόμους καὶ τὰ ψηφίσματα τὰ ὑμέτερα, οὕτω καὶ ἐγὼ τοῦτον ἥκω ἐπιδείξων εἰς ὑμᾶς ξένῃ μὲν γυναικὶ συνοικοῦντα παρὰ τὸν νόμον, ἀλλοτρίους δὲ παῖδας εἰσαγαγόντα εἴς τε τοὺς

andernfalls einen Fluch[Y] über sich, sein Genos[H] und sein
Haus aus. Er beeidete Sachen, die nie geschehen waren, die
er nie gesehen hatte und über die er nie von irgend jemandem gehört hatte. Aber er wurde überführt, einen Meineid[Y]
zu leisten und eine falsche Anklage zu erheben, und es wurde
deutlich, daß er (als Sykophant[U]) von Kephisophon und
Apollophanes angestellt worden war und Geld dafür nahm,
damit Apollodoros verbannt werden[Z] oder dem Verlust der
bürgerlichen Rechte (*atimia*)[Z] verfallen sollte. Er erhielt aufgrund von 500 Drachmen[S] (Bestechungssumme)[Z] einige
Stimmen und ging fort, nachdem er einen Meineid geleistet
und einen Ruf als Schurke gewonnen hatte.

11 Erwägt nun selbst nach dem, was zu erwarten ist, ihr Herren
Richter, was ich mit mir selbst, mit meiner Frau und meiner
Schwester hätte anfangen sollen, wenn den Apollodoros
etwas von dem betroffen hätte, was dieser Stephanos hier
über ihn zu verhängen gesucht hätte, sei es nun bei dem
ersten oder bei dem zweiten Prozeß (*agon*)[X]? In wie große
Schande und in welches Unheil wäre ich dann geraten?

12 Weil mich nun alle aufforderten und die Leute sich einzeln
an mich wandten und mir sagten, daß ich doch ja zur Rache[V]
schreiten möchte für das, was ich durch ihn erlitten habe,
und da man mir sogar vorhielt, daß man mich für einen
äußerst feigen (*anandros*) Menschen ansehen würde, wenn ich
nicht bei der Verbindung, in der ich mit ihm stehe, Rache
üben wollte für meine Schwester, für meinen Schwager/
Schwiegervater (*kedestes*)[I], für meinen Neffen und für meine
Frau, und wenn ich nicht diese Frau hier (Neaira), die offenkundig gegen die Götter frevelt (*asebeia*)[K], sich gegen den
Staat dreist vergeht und eure Gesetze mißachtet, vor euch
lüde, in der Rede aufdeckte, wie sie Unrecht begeht und euch
so die Macht gäbe (*kyrios*)[E], mit ihr zu tun, was ihr wollt –

13 und so, wie dieser Stephanos hier mich und meine Angehörigen gegen die Gesetze[N] und eure Beschlüsse (*psephismata*)[N]
zu berauben versucht hat, so trete auch ich nun auf, um euch
von ihm aufzuzeigen, daß er mit einer fremden Frau gegen
das Gesetz in Ehegemeinschaft lebt und auswärtige Kinder

φράτερας καὶ εἰς τοὺς δημότας, ἐγγυῶντα δὲ τὰς τῶν ἑταιρῶν θυγατέρας ὡς αὑτοῦ οὔσας, ἠσεβηκότα δ᾽ εἰς τοὺς θεούς, ἄκυρον δὲ ποιοῦντα τὸν δῆμον τῶν αὑτοῦ, ἄν τινα βούληται πολίτην ποιήσασθαι· τίς γὰρ ἂν ἔτι παρὰ τοῦ δήμου ζητήσειε λαβεῖν δωρεάν, μετὰ πολλῶν ἀναλωμάτων καὶ πραγματείας πολίτης μέλλων ἔσεσθαι, ἐξὸν παρὰ Στεφάνου ἀπ᾽ ἐλάττονος ἀναλώματος, εἴ γε τὸ αὐτὸ τοῦτο γενήσεται αὐτῷ;

14 ἃ μὲν οὖν ἀδικηθεὶς ἐγὼ ὑπὸ Στεφάνου πρότερος ἐγραψάμην τὴν γραφὴν ταύτην, εἴρηκα πρὸς ὑμᾶς· ὡς δ᾽ ἐστὶν ξένη Νέαιρα αὑτηὶ καὶ συνοικεῖ Στεφάνῳ τουτῳὶ καὶ πολλὰ παρανενόμηκεν εἰς τὴν πόλιν, ταῦτ᾽ ἤδη δεῖ μαθεῖν ὑμᾶς. δέομαι οὖν ὑμῶν, ὦ ἄνδρες δικασταί, ἅπερ ἡγοῦμαι προσήκειν δεηθῆναι νέον τε ὄντα καὶ ἀπείρως ἔχοντα τοῦ λέγειν, συνήγορόν με κελεῦσαι καλέσαι τῷ ἀγῶνι τούτῳ Ἀπολλόδωρον.

15 καὶ γὰρ πρεσβύτερός ἐστιν ἢ ἐγώ, καὶ ἐμπειροτέρως ἔχει τῶν νόμων, καὶ μεμέληκεν αὐτῷ περὶ τούτων ἁπάντων ἀκριβῶς, καὶ ἠδίκηται ὑπὸ Στεφάνου τουτουί, ὥστε καὶ ἀνεπίφθονον αὐτῷ τιμωρεῖσθαι τὸν ὑπάρξαντα. δεῖ δ᾽ ὑμᾶς ἐξ αὐτῆς τῆς ἀληθείας, τὴν ἀκρίβειαν ἀκούσαντας τῆς τε κατηγορίας καὶ τῆς ἀπολογίας, οὕτως ἤδη τὴν ψῆφον φέρειν ὑπέρ τε τῶν θεῶν καὶ τῶν νόμων καὶ τοῦ δικαίου καὶ ὑμῶν αὐτῶν.

bei den Mitgliedern der Phratrie und des Demos einführt[H] und Töchter von Hetären[J] ausstattet, als wären es seine eigenen, daß er also gegen die Götter gefrevelt hat (*asebeia*)[K] und dem Volk nicht mehr die Macht beließ (*kyrios*)[E], nur wen es wolle zum Bürger zu machen[F]. Wer wollte nämlich noch vom Volk dieses Geschenk[F] erhalten, mit vielen Aufwendungen und Leistungen, in der Absicht, Bürger zu werden, wenn man dasselbe von Stephanos mit viel geringerem Aufwand erlangen kann und so ganz dasselbe erreicht?

14 Welches Unrecht ich von Stephanos erlitten habe, bevor ich diese Schriftklage (*graphe*)[X] erhoben habe, habe ich euch nun gesagt. Daß diese Neaira hier eine Fremde ist, daß sie mit diesem Stephanos hier in Ehegemeinschaft lebt und daß sie viel Gesetzwidriges (*paranoma*)[V] gegen den Staat begangen hat, das will ich euch jetzt aufzeigen. Ich bitte euch aber, ihr Herren Richter, um das, was ich glaube, als junger und in Reden ungeübter Mensch mir erbitten zu müssen, daß ihr mir gestattet, den Apollodoros bei diesem Prozeß (*agon*)[X] als *synegoros*[X] anzurufen.

15 Er ist nämlich nicht nur älter als ich, sondern hat auch mehr Erfahrung mit den Gesetzen und hat sich genau in die ganze Sache eingearbeitet, und er hat von diesem Stephanos hier Unrecht erlitten, so daß man es ihm gar nicht verargen kann, wenn er Rache[V] an demjenigen zu üben sucht, der angefangen hat. Ihr aber sollt, wenn er durch die Wahrheit selbst euch von der Richtigkeit der Anklage (*kategoria*)[X] oder Verteidigung (*apologia*)[X] überzeugt hat, euer Stimmplättchen (*psephos*)[Z] abgeben mit Rücksicht auf die Götter, auf die Gesetze, auf die Gerechtigkeit (*to dikaion*) und auf euch selbst.

ΣΥΝΗΓΟΡΙΑ

16 ἃ μὲν ἠδικημένος, ὦ ἄνδρες Ἀθηναῖοι, ὑπὸ Στεφάνου ἀναβέβηκα κατηγορήσων Νεαίρας ταυτησί, Θεόμνηστος εἴρηκεν πρὸς ὑμᾶς· ὡς δ᾿ ἐστὶ ξένη Νέαιρα καὶ παρὰ τοὺς νόμους συνοικεῖ Στεφάνῳ, τοῦτο ὑμῖν βούλομαι σαφῶς ἐπιδεῖξαι. πρῶτον μὲν οὖν τὸν νόμον ὑμῖν ἀναγνώσεται, καθ᾿ ὃν τήν τε γραφὴν ταυτηνὶ Θεόμνηστος ἐγράψατο καὶ ὁ ἀγὼν οὗτος εἰσέρχεται εἰς ὑμᾶς.

ΝΟΜΟΣ

ἐὰν δὲ ξένος ἀστῇ συνοικῇ τέχνῃ ἢ μηχανῇ ἡτινιοῦν, γραφέσθω πρὸς τοὺς θεσμοθέτας Ἀθηναίων ὁ βουλόμενος οἷς ἔξεστιν. ἐὰν δὲ ἁλῷ, πεπράσθω καὶ αὐτὸς καὶ ἡ οὐσία αὐτοῦ, καὶ τὸ τρίτον μέρος ἔστω τοῦ ἑλόντος. ἔστω δὲ καὶ ἐὰν ἡ ξένη τῷ ἀστῷ συνοικῇ κατὰ ταὐτά, καὶ ὁ συνοικῶν τῇ ξένῃ τῇ ἁλούσῃ ὀφειλέτω χιλίας δραχμάς.

17 τοῦ μὲν νόμου τοίνυν ἀκηκόατε, ὦ ἄνδρες δικασταί, ὃς οὐκ ἐᾷ τὴν ξένην τῷ ἀστῷ συνοικεῖν οὐδὲ τὴν ἀστὴν τῷ ξένῳ, οὐδὲ παιδοποιεῖσθαι, τέχνῃ οὐδὲ μηχανῇ οὐδεμιᾷ· ἐὰν δέ τις παρὰ ταῦτα ποιῇ, γραφὴν πεποίηκεν κατ᾿ αὐτῶν εἶναι πρὸς τοὺς θεσμοθέτας, κατά τε τοῦ ξένου καὶ τῆς ξένης, κἂν ἁλῷ, πεπρᾶσθαι κελεύει. ὡς οὖν ἐστι ξένη Νέαιρα αὐτή, τοῦθ᾿ ὑμῖν βούλομαι ἐξ ἀρχῆς ἀκριβῶς ἐπιδεῖξαι.

synegoria^X (des Apollodoros)

16 Was für Unrecht, ihr Männer von Athen, ich von Stephanos
erlitten habe, der ich jetzt als ein Ankläger dieser Neaira hier
auftrete, hat Theomnestos euch bereits dargelegt. Daß diese
Neaira eine Fremde ist und gegen die Gesetze mit Stephanos
in Ehegemeinschaft lebt, das will ich euch deutlich aufzeigen.
Zuerst soll man euch das Gesetz vorlesen, auf das sich Theomnestos bei der Einreichung dieser Schriftklage hier (*graphe*)^V
gestützt hat und dessentwegen dieser Prozeß (*agon*)^X vor
euch gelangt ist.

Gesetz^N

Wenn ein Fremder mit einer (athenischen) Bürgerin in Ehegemeinschaft lebt,^E durch irgendwelche Kunstgriffe oder
Tricks, so kann gegen ihn eine Schriftklage (*graphe*)^V bei den
Thesmotheten^Q jeder erheben, der will^U und das Anklage-
recht besitzt. Wird er verurteilt, so soll er selbst (in die
Sklaverei) verkauft und sein Vermögen eingezogen werden^Z
und ein Drittel davon dem Ankläger zufallen^U. Nach demselben Grundsatz soll, wenn eine Fremde mit einem (athenischen) Bürger in Ehegemeinschaft lebt, derjenige, der mit
der Fremden als seiner Frau in Ehegemeinschaft lebt, wenn
sie verurteilt wird, auch selbst mit einer Strafsumme^Z von
1000 Drachmen^S bestraft werden.

17 Das Gesetz habt ihr gehört, ihr Herren Richter, das verbietet, daß eine Fremde mit einem Bürger in Ehegemeinschaft
lebt oder eine Bürgerin mit einem Fremden, und daß sie
(legitime) Kinder machen, durch irgendwelche Kunstgriffe
oder Tricks. Wenn es aber jemand dennoch tut, so gestattet
das Gesetz dagegen eine Schriftklage (*graphe*)^V bei den Thes-
motheten^Q, sowohl gegen den Fremden als auch gegen die
Fremde. Im Fall der Verurteilung gebietet das Gesetz, die
schuldigen Personen (in die Sklaverei) zu verkaufen^Z. Daß
diese Neaira hier wirklich eine Fremde ist, das will ich euch
nun von Anfang an ganz genau aufzeigen.

18 ἑπτὰ γὰρ ταύτας παιδίσκας ἐκ μικρῶν παιδίων ἐκτήσατο Νικαρέτη, Χαρισίου μὲν οὖσα τοῦ Ἠλείου ἀπελευθέρα, Ἱππίου δὲ τοῦ μαγείρου τοῦ ἐκείνου γυνή, δεινὴ δὲ {καὶ δυναμένη} φύσιν μικρῶν παιδίων συνιδεῖν εὐπρεπῆ, καὶ ταῦτα ἐπισταμένη θρέψαι καὶ παιδεῦσαι ἐμπείρως, τέχνην ταύτην κατεσκευασμένη καὶ ἀπὸ τούτων τὸν βίον συνειλεγμένη.

19 προσειποῦσα δ᾽ αὐτὰς ὀνόματι θυγατέρας, ἵν᾽ ὡς μεγίστους μισθοὺς πράττοιτο τοὺς βουλομένους πλησιάζειν αὐταῖς ὡς ἐλευθέραις οὔσαις, ἐπειδὴ τὴν ἡλικίαν ἐκαρπώσατο αὐτῶν ἑκάστης, συλλήβδην καὶ τὰ σώματα ἀπέδοτο ἁπασῶν ἑπτὰ οὐσῶν, Ἄντειαν καὶ Στρατόλαν καὶ Ἀριστόκλειαν καὶ Μετάνειραν καὶ Φίλαν καὶ Ἰσθμιάδα καὶ Νέαιραν ταυτηνί.

20 ἣν μὲν οὖν ἕκαστος αὐτῶν ἐκτήσατο καὶ ὡς ἠλευθερώθησαν ἀπὸ τῶν πριαμένων αὐτὰς παρὰ τῆς Νικαρέτης, προϊόντος τοῦ λόγου, ἂν βούλησθε ἀκούειν καί μοι περιουσία ᾖ τοῦ ὕδατος, δηλώσω ὑμῖν· ὡς δὲ Νέαιρα αὕτη Νικαρέτης ἦν καὶ ἠργάζετο τῷ σώματι μισθαρνοῦσα τοῖς βουλομένοις αὐτῇ πλησιάζειν, τοῦθ᾽ ὑμῖν βούλομαι πάλιν ἐπανελθεῖν.

21 Λυσίας γὰρ ὁ σοφιστὴς Μετανείρας ὢν ἐραστής, ἐβουλήθη πρὸς τοῖς ἄλλοις ἀναλώμασιν οἷς ἀνήλισκεν εἰς αὐτὴν καὶ μυῆσαι, ἡγούμενος τὰ μὲν ἄλλα ἀναλώματα τὴν κεκτημένην αὐτὴν λαμβάνειν, ἃ δ᾽ ἂν εἰς τὴν ἑορτὴν καὶ τὰ μυστήρια ὑπὲρ αὐτῆς ἀναλώσῃ, πρὸς αὐτὴν τὴν ἄνθρωπον χάριν καταθήσεσθαι. ἐδεήθη οὖν τῆς Νικαρέτης ἐλθεῖν εἰς τὰ μυστήρια ἄγουσαν τὴν Μετάνειραν, ἵνα μυηθῇ, καὶ αὐτὸς ὑπέσχετο μυήσειν.

22 ἀφικομένας δ᾽ αὐτὰς ὁ Λυσίας εἰς μὲν τὴν αὑτοῦ οἰκίαν οὐκ εἰσάγει, αἰσχυνόμενος τήν τε γυναῖκα ἣν εἶχε, Βραχύλλου μὲν θυγατέρα, ἀδελφιδῆν δὲ αὑτοῦ, καὶ τὴν μητέρα τὴν αὑτοῦ πρεσβυτέραν τε οὖσαν καὶ ἐν τῷ αὐτῷ διαιτωμένην· ὡς

18 Sieben Sklavenmädchen in zarter Kindheit hatte (in Ko-
    rinth□; s. **23**) Nikarete gekauft, eine Freigelassene des Chari-
    sios von Elis□, die Frau seines Kochs Hippias, denn sie hatte
    ein unerhörtes Geschick, die Eigenschaften und Reize sol-
    cher Kleinen zu entdecken, und war nicht weniger geschickt,
    sie zu erziehen und heranzubilden, indem sie dies förmlich
    als eine Kunst betrieb und aus diesem Gewerbe ihren Le-
    bensunterhalt bezog[J].

19 Dabei nannte sie diese Mädchen ihre Töchter, um sich umso
    mehr Lohn von denen zu verschaffen, die jenen nahekom-
    men wollten, da sie ja als freie Personen erschienen. Nach-
    dem sie von der Jugendblüte jedes der Mädchen profitiert
    hatte, verkaufte sie alle – es waren ihrer sieben: Anteia, Stra-
    tola, Aristokleia, Metaneira, Phila, Isthmias und eben diese
    Neaira hier.

20 Welches von diesen Mädchen jeder gekauft hat und wie die-
    selben von ihren Herren, an die sie durch Kauf von Nikarete
    gekommen waren, in Freiheit gesetzt worden sind, das will
    ich euch, wenn ihr es hören wollt und ich noch Wasser (in
    der Wasseruhr)[R] übrig habe, später[X] erzählen. Jetzt will ich
    zunächst nur darauf zurückkommen, wie diese Neaira hier
    wirklich das Eigentum der Nikarete war und wie sie mit ih-
    rem Körper ein Gewerbe getrieben hat, indem sie sich allen
    hingab, die ihr nahekommen wollten.

21 Lysias[X], der gelehrte (Redner), der ein Liebhaber der Me-
    taneira war, wollte neben vielem anderen Aufwand, den er
    um ihretwegen machte, sie auch noch in die Mysterien (von
    Eleusis) einweihen[M], weil er dachte, daß den übrigen für sie
    gemachten Aufwand ihre Besitzerin an sich nehme, daß er
    sich aber für Aufwand, den er um des Festes und der Ein-
    weihung willen für sie selbst machte, von dieser Frauenspe-
    son selbst Dank versprechen könne. So bat er die Nikarete,
    zu den Mysterien zu kommen und die Metaneira mitzu-
    bringen, um sich einweihen zu lassen, und er versprach, die
    Einweihung selbst zu vollziehen.

22 Als nun beide kamen, führte Lysias[X] sie nicht in sein Haus,
    weil er seine Frau scheute, die eine Tochter des Brachyllos
    und seine Nichte war[I], und auch seine schon hochbetagte
    Mutter, die mit in demselben Haus wohnte. Zu Philostratos

Φιλόστρατον δὲ τὸν Κολωνῆθεν, ἤθεον ἔτι ὄντα καὶ φίλον αὐτῷ, καθίστησιν ὁ Λυσίας αὐτάς, τήν τε Μετάνειραν καὶ τὴν
Νικαρέτην. συνηκολούθει δὲ καὶ Νέαιρα αὐτή, ἐργαζομένη
μὲν ἤδη τῷ σώματι, νεωτέρα δὲ οὖσα διὰ τὸ μήπω τὴν ἡλικίαν
αὐτῇ παρεῖναι.
23 ὡς οὖν ἀληθῆ λέγω, ὅτι Νικαρέτης ἦν καὶ ἠκολούθει ἐκείνῃ καὶ
ἐμισθάρνει τῷ βουλομένῳ ἀναλίσκειν, τούτων ὑμῖν αὐτὸν τὸν
Φιλόστρατον μάρτυρα καλῶ.

MΑΡΤΥΡΙΑ

Φιλόστρατος Διονυσίου Κολωνῆθεν μαρτυρεῖ εἰδέναι Νέαιραν
Νικαρέτης οὖσαν, ἧσπερ καὶ Μετάνειρα ἐγένετο, καὶ κατάγεσθαι παρ' αὐτῷ, ὅτε εἰς τὰ μυστήρια ἐπεδήμησαν ἐν Κορίνθῳ οἰκοῦσαι · καταστῆσαι δὲ αὐτὰς ὡς αὐτὸν Λυσίαν τὸν Κεφά-
λου, φίλον ὄντα ἑαυτῷ καὶ ἐπιτήδειον.

24 πάλιν τοίνυν, ὦ ἄνδρες Ἀθηναῖοι, μετὰ ταῦτα Σῖμος ὁ Θετ-
ταλὸς ἔχων Νέαιραν ταυτηνὶ ἀφικνεῖται δεῦρο εἰς τὰ Παναθήναια τὰ μεγάλα. συνηκολούθει δὲ καὶ ἡ Νικαρέτη αὐτή, κατ-
ήγοντο δὲ παρὰ Κτησίππῳ τῷ Γλαυκωνίδου τῷ Κυδαντίδη, καὶ
συνέπινεν καὶ συνεδείπνει ἐναντίον πολλῶν Νέαιρα αὐτὴ ὡς ἂν
ἑταίρα οὖσα. καὶ ὅτι ἀληθῆ λέγω, τούτων ὑμῖν τοὺς μάρτυρας
καλῶ.
25 καί μοι κάλει Εὐφίλητον Σίμωνος Αἰξωνέα καὶ Ἀριστόμαχον
Κριτοδήμου Ἀλωπεκῆθεν.

aus Kolonos[G], der noch unverheiratet und mit ihm befreundet war, brachte Lysias sie also, sowohl die Metaneira als auch die Nikarete. Es begleitete sie auch diese Neaira hier, die zwar auch schon mit ihrem Körper ein Gewerbe betrieb, aber noch unreif dazu war, da sie noch nicht in dem richtigen Alter stand.

23 Dafür, daß ich die Wahrheit sage und daß sie (Neaira) im Dienst und Gefolge der Nikarete war [J] und sich für Lohn jedem, der wollte, hingab, rufe ich euch den Philostratos selbst als Zeugen auf.

Zeugenaussage

Philostratos, Sohn des Dionysios, aus Kolonos[G], bezeugt zu wissen, daß Neaira der Nikarete gehörte, der auch Metaneira gehörte, und daß diese bei ihm abgestiegen seien, als sie zu den Mysterien[M] hierher (nach Athen)[A] gekommen waren – damals, als sie noch in Korinth[□] wohnten –, und daß sie von Lysias[X], Sohn des Kephalos, seinem Freund und Vertrauten, bei ihm untergebracht wurden.

24 Danach, ihr Männer von Athen, hat auch Simos aus (Larisa in) Thessalien[□] (s. **108**) diese Neaira hier bei sich gehabt und ist mit ihr hierher (nach Athen)[A] zu den Großen Panathenäen[L] gekommen. Es begleitete sie auch wieder Nikarete. Als sie bei Ktesippos, Sohn des Glaukonides, aus Kydantidai[G] einkehrten, zechte und schmauste diese Neaira hier vor den Augen vieler mit ihnen, wie wenn sie eine Hetäre[J] sei. Dafür, daß ich die Wahrheit sage, rufe ich euch die Zeugen auf.

25 Rufe mir den Euphiletos, Sohn des Simon, aus Aixone[G], und Aristomachos, Sohn des Kritodemos, aus Alopeke[G].

ΜΑΡΤΥΡΕΣ

Εὐφίλητος Σίμωνος Αἰξωνεύς, Ἀριστόμαχος Κριτοδήμου Ἀλωπεκῆθεν, μαρτυροῦσιν εἰδέναι Σῖμον τὸν Θετταλὸν ἀφικόμενον Ἀθήναζε εἰς τὰ Παναθήναια τὰ μεγάλα, καὶ μετ' αὐτοῦ Νικαρέτην καὶ Νέαιραν τὴν νυνὶ ἀγωνιζομένην· καὶ κατάγεσθαι αὐτοὺς παρὰ Κτησίππῳ τῷ Γλαυκωνίδου, καὶ συμπίνειν μετ' αὐτῶν Νέαιραν ὡς ἑταίραν οὖσαν καὶ ἄλλων πολλῶν παρόντων καὶ συμπινόντων παρὰ Κτησίππῳ.

26 μετὰ ταῦτα τοίνυν ἐν τῇ Κορίνθῳ αὐτῆς ἐπιφανῶς ἐργαζομένης καὶ οὔσης λαμπρᾶς ἄλλοι τε ἐρασταὶ γίγνονται καὶ Ξενοκλείδης ὁ ποιητὴς καὶ Ἵππαρχος ὁ ὑποκριτής, καὶ εἶχον αὐτὴν μεμισθωμένοι. καὶ ὅτι ἀληθῆ λέγω, τοῦ μὲν Ξενοκλείδου οὐκ ἂν δυναίμην ὑμῖν μαρτυρίαν παρασχέσθαι· οὐ γὰρ ἐῶσιν αὐτὸν οἱ νόμοι μαρτυρεῖν·

27 ὅτε γὰρ Λακεδαιμονίους ὑμεῖς ἐσῴζετε πεισθέντες ὑπὸ Καλλιστράτου, τότε ἀντειπὼν ἐν τῷ δήμῳ τῇ βοηθείᾳ, ἐωνημένος τὴν πεντηκοστὴν τοῦ σίτου ἐν εἰρήνῃ καὶ δέον αὐτὸν καταβάλλειν τὰς καταβολὰς εἰς τὸ βουλευτήριον κατὰ πρυτανείαν, καὶ οὔσης αὐτῷ ἀτελείας ἐκ τῶν νόμων οὐκ ἐξελθὼν ἐκείνην τὴν στρατείαν, γραφεὶς ὑπὸ Στεφάνου τουτουὶ ἀστρατείας καὶ διαβληθεὶς τῷ λόγῳ ἐν τῷ δικαστηρίῳ ἑάλω καὶ ἠτιμώθη.

Zeugen

Euphiletos, Sohn des Simon, aus Aixone[G], und Aristomachos, Sohn des Kritodemos, aus Alopeke[G] bezeugen gesehen zu haben, wie Simos aus Thessalien[□] zu den Großen Panathenäen nach Athen kam und mit ihm Nikarete und Neaira, gegen die dieser Prozeß (*agon*)[X] geführt wird, und wie diese bei Ktesippos, Sohn des Glaukonides, einkehrten, und Neaira als Hetäre[J] mit ihnen zechte, im Beisein vieler anderer, die bei Ktesippos am Gelage teilnahmen.

26 Als sie danach in Korinth[□] ganz öffentlich ihr Gewerbe betrieb und wohlbekannt war, zählten zu ihren Liebhabern der Dichter Xenokleides und der Schauspieler Hipparchos, die sie in ihrem Dienst hatten und (von Nikarete) anmieteten. Dafür, daß ich die Wahrheit sage, kann ich allerdings das Zeugnis des Xenokleides nicht beibringen, denn die Gesetze gestatten es ihm nicht, als Zeuge zu erscheinen[Z].

27 Er hatte nämlich zu der Zeit (369 v.Chr.), als ihr euch von Kallistratos dazu hattet bewegen lassen, die Spartaner[□] zu retten[C], erst öffentlich in der Volksversammlung diesen Hilfsleistungen widersprochen, nachdem er im Frieden die 2-Prozent-Steuer[S] auf Getreide unter der Bedingung gepachtet hatte[T], mit jeder Prytanie (zehnmal im Jahr)[R] eine Zahlung ins Ratsgebäude (*bouleuterion*)[A] zu leisten. Weil er dafür eine gesetzliche Freiheit von anderen Verpflichtungen (*ateleia*)[T] genoß, war er in diesen Feldzug nicht mit ausgezogen und dann von diesem Stephanos hier mit einer Schriftklage wegen der Kriegsdienstverweigerung (*graphe astrateias*)[V] angeklagt worden; da er den Richtern durch verleumderische Behauptungen verhaßt gemacht worden war, wurde er verurteilt und mit dem Verlust der bürgerlichen Rechte (*atimia*)[Z] bestraft.

28 καίτοι πῶς οὐκ οἴεσθε δεινὸν εἶναι, εἰ τοὺς μὲν φύσει πολίτας
καὶ γνησίως μετέχοντας τῆς πόλεως ἀπεστέρηκε τῆς παρρησίας
Στέφανος οὑτοσί, τοὺς δὲ μηδὲν προσήκοντας βιάζεται
'Αθηναίους εἶναι παρὰ πάντας τοὺς νόμους; τὸν δ' Ἵππαρχον
αὐτὸν ὑμῖν καλῶ, καὶ ἀναγκάσω μαρτυρεῖν ἢ ἐξόμνυσθαι κατὰ
τὸν νόμον, ἢ κλητεύσω* αὐτόν. καί μοι κάλει Ἵππαρχον.

MΑΡΤΥΡΙΑ

Ἵππαρχος 'Αθμονεὺς μαρτυρεῖ Ξενοκλείδην καὶ αὐτὸν μισθώ-
σασθαι Νέαιραν ἐν Κορίνθῳ τὴν νῦν ἀγωνιζομένην, ὡς ἑταίραν
οὖσαν τῶν μισθαρνουσῶν, καὶ συμπίνειν ἐν Κορίνθῳ Νέαιραν
μεθ' αὐτοῦ καὶ Ξενοκλείδου τοῦ ποιητοῦ.

29 μετὰ ταῦτα τοίνυν αὐτῆς γίγνονται ἐρασταὶ δύο, Τιμανορίδας τε
ὁ Κορίνθιος καὶ Εὐκράτης ὁ Λευκάδιος, οἳ ἐπειδήπερ πολυτελὴς ἦν ἡ Νικαρέτη τοῖς ἐπιτάγμασιν, ἀξιοῦσα τὰ καθ' ἡμέραν
ἀναλώματα ἅπαντα τῇ οἰκίᾳ παρ' αὐτῶν λαμβάνειν, κατατι-
θέασιν αὐτῆς τιμὴν τριάκοντα μνᾶς τοῦ σώματος τῇ Νικαρέτῃ,
καὶ ὠνοῦνται αὐτὴν παρ' αὐτῆς νόμῳ πόλεως καθάπαξ αὐτῶν
δούλην εἶναι. καὶ εἶχον καὶ ἐχρῶντο ὅσον ἐβούλοντο αὐτῇ
χρόνον.

---

* Scholion in Codex Parisinus graecus 2935 (Y) und Codex
Marcianus gr. 416 (F²): κλητῆρες καὶ κλητεύειν οἱ ἄνδρες δι'
ὧν εἰς τὰς δίκας προσκαλοῦνται οἱ δικαζόμενοί τισιν. ἔδει γὰρ
παρεῖναί τινας ὥσπερ μάρτυρας τῆς προσκλήσεως· κλητεῦσαι
δέ ἐστι τὸ κλητῆρα γενέσθαι. λέγεται δὲ κλητεύεσθαι καὶ
ἐκκλητεύεσθαι ἐπὶ τῶν μαρτύρων, ὅταν μὴ ὑπακούσωσι πρὸς
τὴν μαρτυρίαν ἐν τοῖς δικαστηρίοις· καὶ ἔστιν ἐπιτίμιον κατ'
αὐτῶν δραχμαὶ χίλιαι.

28 Wie sollte es euch aber nicht unerhört erscheinen, wenn
dieser Stephanos hier diejenigen, die durch ihre natürliche
Abstammung Bürger sind und die also echte Teilhaber am
Staat waren, der Befugnis, hier öffentlich zu reden, beraubt
hat[Z], und dagegen erzwingen will, daß Leute, die uns durchaus nichts angehen, gegen alle Gesetze Athener sein sollen?
Den Hipparchos will ich euch rufen und werde ihn entweder
zwingen, ein Zeugnis abzugeben oder sich den Gesetzen
gemäß loszuschwören, oder aber ihn vor Gericht vorladen
(*kleteuo*)[Y*]. Rufe mir den Hipparchos.

Zeugenaussage

Hipparchos aus Athmonon[G] bezeugt, daß er selbst und Xenokleides in Korinth[□] die Neaira, gegen die jetzt der Prozeß
(*agon*)[X] geführt wird, sich gemietet haben als eine Hetäre[J],
die sich für Geld preisgibt, und daß die Neaira in Korinth[□]
mit ihm und mit dem Dichter Xenokleides gezecht hat.

29 Danach hatte sie zwei Liebhaber, Timanoridas aus Korinth[□]
und Eukrates aus Leukas[□]. Da nun Nikarete sehr verschwen-
derisch lebte und bei ihren Anforderungen auch den ganzen
täglich in ihrem Haus zu machenden Aufwand von ihnen
verlangte, so schlossen sie einen Handel ab und bezahlten
der Nikarete für den Körper der Neaira 30 Minen[S] als Kauf-
preis und kauften sie ihr ein für allemal nach dortigem Recht
ab, so daß sie ihre Sklavin wurde. So gehörte sie nun ihnen
beiden, und sie benutzten sie, sooft sie dies wollten.

---

* Scholion in Y und F[2]: "Vorlader" und "Vorladen": Die Männer, durch die in Prozesse diejenigen geholt werden, die von
bestimmten Leuten angeklagt sind. Es war nämlich nötig,
daß einige als Zeugen für die *proklesis*[Y] zugegen seien. "Vorladen" heißt "Vorlader sein". Man sagt "vorgeladen werden"
und "vor Gericht geladen werden" über Zeugen, wenn sie
der Aufforderung zur Zeugenaussage in den Gerichtshöfen
nicht folgen. Die Strafe dafür sind 1000 Drachmen[S].

30 μέλλοντες δὲ γαμεῖν, προαγορεύουσιν αὐτῇ, ὅτι οὐ βούλονται
αὐτὴν σφῶν αὐτῶν ἑταίραν γεγενημένην ὁρᾶν ἐν Κορίνθῳ
ἐργαζομένην οὐδ' ὑπὸ πορνοβοσκῷ οὖσαν, ἀλλ' ἡδέως ἂν
αὐτοῖς εἴη ἔλαττόν τε τἀργύριον κομίσασθαι παρ' αὐτῆς ἢ κατέ-
θεσαν, καὶ αὐτὴν ταύτην ὁρᾶν τι ἀγαθὸν ἔχουσαν. ἀφιέναι οὖν
αὐτῇ ἔφασαν εἰς ἐλευθερίαν χιλίας δραχμάς, πεντακοσίας ἑκά-
τερος · τὰς δ' εἴκοσι μνᾶς ἐκέλευον αὐτὴν ἐξευροῦσαν αὐτοῖς
ἀποδοῦναι. ἀκούσασα δ' αὕτη τοὺς λόγους τούτους τοῦ τε Εὐκράτους καὶ Τιμανορίδου, μεταπέμπεται εἰς τὴν Κόρινθον ἄλλους τε τῶν ἐραστῶν τῶν γεγενημένων αὐτῇ καὶ Φρυνίωνα τὸν
Παιανιέα, Δήμωνος μὲν ὄντα υἱόν, Δημοχάρους δὲ ἀδελφόν,
ἀσελγῶς δὲ καὶ πολυτελῶς διάγοντα τὸν βίον, ὡς ὑμῶν οἱ
πρεσβύτεροι μνημονεύουσιν.
31 ἀφικομένου δ' ὡς αὐτὴν τοῦ Φρυνίωνος, λέγει πρὸς αὐτὸν τοὺς
λόγους οὓς εἶπον πρὸς αὐτὴν ὅ τε Εὐκράτης καὶ Τιμανορίδας,
καὶ δίδωσιν αὐτῷ τὸ ἀργύριον ὃ παρὰ τῶν ἄλλων ἐραστῶν
ἐδασμολόγησεν ἔρανον εἰς τὴν ἐλευθερίαν συλλέγουσα, καὶ εἴ τι
ἄρα αὐτὴ περιεποιήσατο, καὶ δεῖται αὐτοῦ προσθέντα τὸ
ἐπίλοιπον, οὗ προσέδει εἰς τὰς εἴκοσι μνᾶς, καταθεῖναι αὐτῆς τῷ
τε Εὐκράτει καὶ τῷ Τιμανορίδᾳ ὥστε ἐλευθέραν εἶναι.
32 ἄσμενος δ' ἀκούσας ἐκεῖνος τοὺς λόγους τούτους αὐτῆς, καὶ
λαβὼν τἀργύριον ὃ παρὰ τῶν ἐραστῶν τῶν ἄλλων εἰσηνέχθη
αὐτῇ, καὶ προσθεὶς τὸ ἐπίλοιπον αὐτός, κατατίθησιν αὐτῆς τὰς
εἴκοσι μνᾶς τῷ Εὐκράτει καὶ τῷ Τιμανορίδᾳ ἐπ' ἐλευθερίᾳ καὶ
ἐφ' ᾧ ἐν Κορίνθῳ μὴ ἐργάζεσθαι. καὶ ὅτι ταῦτ' ἀληθῆ λέγω,
τούτων ὑμῖν τὸν παραγενόμενον μάρτυρα καλῶ. καί μοι κάλει
Φίλαγρον Μελιτέα.

ΜΑΡΤΥΡΙΑ

Φίλαγρος Μελιτεὺς μαρτυρεῖ παρεῖναι ἐν Κορίνθῳ, ὅτε
Φρυνίων ὁ Δημοχάρους ἀδελφὸς κατετίθει εἴκοσι μνᾶς
Νεαίρας τῆς νῦν ἀγωνιζομένης Τιμανορίδᾳ τῷ Κορινθίῳ καὶ

30 Erst als sie selbst heiraten wollten, erklärten sie ihr, sie wollten nicht, daß sie, die ihre Hetäre[J] gewesen war, dieses Gewerbe sichtbar in Korinth[□] ausübe oder einem Zuhälter[J] unterstünde: Sie wollten lieber weniger Geld für sie erhalten, als sie selbst bezahlt hätten, und sehen, daß sie etwas Gutes habe. Sie wollten ihr daher, sagten sie, 1000 Drachmen[S] für ihren Freikauf erlassen, jeder 500 Drachmen[S]; die 20 Minen[S] aber sollte sie ihnen zurückerstatten, wenn sie sich diese verschafft hätte. Als sie nun diese Worte des Eukrates und des Timanoridas gehört hatte, rief sie neben anderen, die ihre Liebhaber gewesen waren, den Phrynion aus Paiania[G], einen Sohn des Demon und Bruder des Demochares, nach Korinth[□] – einen Menschen, der einen unzüchtigen und verschwenderischen Lebenswandel führte, wie sich die Älteren unter euch (Richtern) wohl noch erinnern.

31 Als nun Phrynion zu ihr kam, erzählte sie ihm von ihrer Verhandlung mit Eukrates und Timanoridas, gab ihm das Geld, das sie von anderen Liebhabern als Beitrag zusammengebracht hatte, um eine Summe zum Kauf ihrer Freiheit zu gewinnen, und was sonst noch von ihr angespart worden war, und bat ihn, das übrige, das noch zu den 20 Minen[S] fehlte, dazuzulegen und den Eukrates und Timanoridas auszuzahlen, damit sie frei würde.

32 Gern hörte er diese ihre Worte, nahm das Geld, das sie von ihren übrigen Liebhabern zusammengebracht hatte, legte das noch Fehlende dazu und bezahlte die vollen 20 Minen[S] als Preis für ihren Freikauf an Eukrates und Timanoridas unter der Bedingung, daß sie ihr Gewerbe künftig nicht in Korinth[□] treibe. Dafür, daß ich die Wahrheit sage, rufe ich euch von diesen den Augenzeugen auf. Rufe mir den Philagros aus Melite[G].

Zeugenaussage

Philagros aus Melite[G] bezeugt, in Korinth[□] zugegen gewesen zu sein, als Phrynion, der Bruder des Demochares, 20 Minen[S] für die Neaira, gegen die jetzt der Prozeß *(agon)*[X] geführt wird, an Timanoridas aus Korinth[□] und Eukrates aus Leu-

Εὐκράτει τῷ Λευκαδίῳ, καὶ καταθεὶς τὸ ἀργύριον ᾤχετο ἀπάγων Ἀθήναζε Νέαιραν.

33 ἀφικόμενος τοίνυν δεῦρο ἔχων αὐτὴν ἀσελγῶς καὶ προπετῶς ἐχρῆτο αὐτῇ, καὶ ἐπὶ τὰ δεῖπνα ἔχων αὐτὴν πανταχοῖ ἐπορεύετο ὅπου πίνοι, ἐκώμαζέ τ᾽ ἀεὶ μετ᾽ αὐτοῦ, συνῆν τ᾽ ἐμφανῶς ὁπότε βουληθείη πανταχοῦ, φιλοτιμίαν τὴν ἐξουσίαν πρὸς τοὺς ὁρῶντας ποιούμενος. καὶ ὡς ἄλλους τε πολλοὺς ἐπὶ κῶμον ἔχων ἦλθεν αὐτὴν καὶ ὡς Χαβρίαν τὸν Αἰξωνέα, ὅτε ἐνίκα ἐπὶ Σωκρατίδου ἄρχοντος τὰ Πύθια τῷ τεθρίππῳ ὃ ἐπρίατο παρὰ τῶν παίδων τῶν Μίτυος τοῦ Ἀργείου, καὶ ἥκων ἐκ Δελφῶν εἱστία τὰ ἐπινίκια ἐπὶ Κωλιάδι*. καὶ ἐκεῖ ἄλλοι τε πολλοὶ συνεγίγνοντο αὐτῇ μεθυούσῃ καθεύδοντος τοῦ Φρυνίωνος, καὶ οἱ διάκονοι οἱ Χαβρίου τράπεζαν παραθέμενοι.

34 καὶ ὅτι ταῦτ᾽ ἀληθῆ λέγω, τοὺς ὁρῶντας ὑμῖν καὶ παρόντας μάρτυρας παρέξομαι. καί μοι κάλει Χιωνίδην Ξυπεταιόνα καὶ Εὐθετίωνα Κυδαθηναιᾶ.

ΜΑΡΤΥΡΙΑ

Χιωνίδης Ξυπεταιῶν, Εὐθετίων Κυδαθηναιεὺς μαρτυροῦσι κληθῆναι ὑπὸ Χαβρίου ἐπὶ δεῖπνον, ὅτε τὰ ἐπινίκια εἱστία Χαβρίας τῆς νίκης τοῦ ἅρματος, καὶ ἑστιᾶσθαι ἐπὶ Κωλιάδι, καὶ εἰδέναι Φρυνίωνα παρόντα ἐν τῷ δείπνῳ τούτῳ ἔχοντα Νέαιραν τὴν νυνὶ ἀγωνιζομένην, καὶ καθεύδειν σφᾶς αὐτοὺς καὶ Φρυνίωνα καὶ Νέαιραν, καὶ αἰσθάνεσθαι αὐτοὶ ἀνισταμένους τῆς νυκτὸς πρὸς Νέαιραν ἄλλους τε καὶ τῶν διακόνων τινάς, οἳ ἦσαν Χαβρίου οἰκέται.

---

* Scholion in Codex Parisinus graecus 2935 (Y) und Codex Marcianus gr. 416 (F²): Κωλιὰς ἐπιθαλασσία ἄκρα τῆς Ἀττικῆς.

kas□ bezahlte, und daß er nach Bezahlung dieses Geldes die Neaira mit sich nach Athen führte.

33 Als er mit ihr hierher (nach Athen)^A gekommen war, benutzte er sie sehr unzüchtig und schamlos, zog überall mit ihr zu Gelagen, wo immer er zechte, und sie nahm an all den Umzügen der Zecher (*komoi*) teil ^J – ja, er hatte mit ihr in der Öffentlichkeit Geschlechtsverkehr, wann immer er wollte und überall, und er führte die Freizügigkeiten vor, die er sich mit ihr leistete, während jeder zusehen konnte. Er nahm sie nun beim Umzug der Zecher (*komos*) zu vielen anderen mit, so auch zu Chabrias aus Aixone^G, als der im Jahr des Archon Sokratides (374/73 v. Chr.) bei den Pythischen Spielen^M (in Delphi□) mit dem Viergespann gesiegt hatte^R, das er von den Söhnen des Mitys aus Argos□ gekauft hatte. Als er aus Delphi□ zurückkehrte, gab er ein Siegesfest bei Kolias^A*. Dort hatten viele der Gäste Geschlechtsverkehr mit ihr (Neaira), als sie betrunken war und als Phrynion schlief – sogar die Sklaven, die bei Chabrias' Fest bedient hatten!

34 Dafür, daß ich auch hier die Wahrheit sage, rufe ich euch die als Zeugen auf, die zugegen waren und dies gesehen haben. Rufe mir den Chionides aus Xypete^G und den Euthetion aus Kydathenaion^G.

Zeugenaussage

Chionides aus Xypete^G und Euthetion aus Kydathenaion^G bezeugen, daß sie von Chabrias zum Gastmahl eingeladen worden sind, als er wegen des mit dem Wagen errungenen Sieges ein Siegesmahl bei Kolias^A veranstaltete, daß sie den Phrynion mit der Neaira, gegen die jetzt der Prozeß (*agon*)^X geführt wird, bei diesem Gastmahl anwesend gesehen haben, daß sie selbst und Phrynion dort mit Neaira Geschlechtsverkehr hatten und daß sie auch bemerkt haben, wie in der Nacht andere aufstanden (und sich) zu Neaira (legten), darunter auch manchen Haussklaven des Chabrias.

* Scholion in Y und F²: Kolias ist ein Vorgebirge am Meer in Attika.

35 ἐπειδὴ τοίνυν ἀσελγῶς προὐπηλακίζετο ὑπὸ τοῦ Φρυνίωνος καὶ
οὐχ ὡς ᾤετο ἠγαπᾶτο, οὐδ᾽ ὑπηρέτει αὐτῇ ἃ ἐβούλετο, συσκευ-
ασαμένη αὐτοῦ τὰ ἐκ τῆς οἰκίας καὶ ὅσα ἦν αὐτῇ ὑπ᾽ ἐκείνου
περὶ τὸ σῶμα κατεσκευασμένα ἱμάτια καὶ χρυσία, καὶ θεραπαίνας δύο, Θρᾷτταν καὶ Κοκκαλίνην, ἀποδιδράσκει εἰς Μέγαρα.
ἦν δὲ ὁ χρόνος οὗτος ᾧ Ἀστεῖος μὲν ἦν ἄρχων Ἀθήνησιν, ὁ
καιρὸς δ᾽ ἐν ᾧ ἐπολεμεῖθ᾽ ὑμεῖς πρὸς Λακεδαιμονίους τὸν
ὕστερον πόλεμον.

36 διατρίψασα δ᾽ ἐν τοῖς Μεγάροις δύ᾽ ἔτη, τόν τ᾽ ἐπ᾽ Ἀστείου
ἄρχοντος καὶ Ἀλκισθένους ἐνιαυτόν, ὡς αὐτῇ ἡ ἀπὸ τοῦ
σώματος ἐργασία οὐχ ἱκανὴν εὐπορίαν παρεῖχεν ὥστε διοικεῖν
τὴν οἰκίαν – πολυτελὴς δ᾽ ἦν, οἱ Μεγαρεῖς δ᾽ ἀνελεύθεροι καὶ
μικρολόγοι, ξένων δὲ οὐ πάνυ ἐπιδημία ἦν αὐτόθι διὰ τὸ
πόλεμον εἶναι καὶ τοὺς ‹μὲν› Μεγαρέας λακωνίζειν, τῆς δὲ
θαλάττης ὑμᾶς ἄρχειν · εἰς δὲ τὴν Κόρινθον οὐκ ἐξῆν αὐτῇ
ἐπανελθεῖν διὰ τὸ ἐπὶ τούτῳ ἀπηλλάχθαι ἀπὸ τοῦ Εὐκράτους
καὶ τοῦ Τιμανορίδου, ὥστ᾽ ἐν Κορίνθῳ μὴ ἐργάζεσθαι –,

37 ὡς οὖν γίγνεται ἡ εἰρήνη ἡ ἐπὶ Φρασικλείδου ἄρχοντος καὶ ἡ
μάχη ἡ ἐν Λεύκτροις Θηβαίων καὶ Λακεδαιμονίων, τότε ἐπι-
δημήσαντα Στέφανον τουτονὶ εἰς τὰ Μέγαρα καὶ καταγόμενον
ὡς αὐτὴν ἑταίραν οὖσαν καὶ πλησιάσαντα αὐτῇ, διηγησαμένη
πάντα τὰ πεπραγμένα καὶ τὴν ὕβριν τοῦ Φρυνίωνος, καὶ ἐπι-
δοῦσα ἃ ἐξῆλθεν ἔχουσα παρ᾽ αὐτοῦ, ἐπιθυμοῦσα μὲν τῆς ἐν-
θάδε οἰκήσεως, φοβουμένη δὲ τὸν Φρυνίωνα διὰ τὸ ἠδικηκέναι
μὲν αὐτή, ἐκεῖνον δὲ ὀργίλως ἔχειν αὐτῇ, σοβαρὸν δὲ καὶ
ὀλίγωρον εἰδυῖα αὐτοῦ τὸν τρόπον ὄντα, προΐσταται Στέφανον
τουτονὶ αὐτῆς.

35 Da sie von Phrynion unzüchtig behandelt und mit Dreck
beworfen worden war und da er sie nicht so liebte, wie sie
gemeint hatte, und nicht in allem ihre Wünsche erfüllte,
packte sie manches seiner Habe aus dem Haus ein, darunter
all die Kleidung und den Goldschmuck, den sie von ihm
erhalten hatte, nahm dann zwei Sklavinnen mit, Thratta und
Kokkaline, und lief nach Megara[□] davon[1]. Dies geschah zu
der Zeit, als Asteios Archon in Athen war (373/72 v. Chr.)[R]
und als ihr gerade jenen späteren Krieg gegen die Spartaner[□]
führtet[C].

36 So hielt sie sich dann zwei Jahre lang in Megara[□] auf, nämlich
das Jahr, in dem Asteios (s. **35**), und das, in dem Alkisthenes
Archon war (372/71 v. Chr.)[R], ohne daß ihr jedoch das Gewerbe mit ihrem Körper, das sie betrieb, genug zur Bestrei-
tung der Ausgaben ihres Haushalts einbrachte – sie war nämlich vielen Aufwand zu machen geneigt, die Leute von Megara[□] aber waren nicht freigebig, sondern kleinlich und spar-
sam, und es kamen auch nicht viele Fremde dorthin, weil es
eben Krieg war[C] und die Megarer[□] es mit den Spartanern[□]
hielten, ihr (Athener) aber das Meer beherrschtet. Auch war
es ihr nicht möglich, nach Korinth[□] zurückzukehren, weil sie
ja unter der Bedingung von Eukrates und Timanoridas freigegeben worden war, daß sie ihr Gewerbe nicht in Korinth[□]
betreibe.

37 Als dann unter dem Archon Phrasikleides (371/70 v.Chr.)[R]
der Friede nach der Schlacht[C] bei Leuktra[□] zwischen den
Thebanern[□] und den Spartanern[□] hergestellt war, traf dieser
Stephanos hier in Megara[□] ein, kehrte bei ihr als einer Hetäre[J] ein und kam ihr nahe. Sie aber erzählte ihm den ganzen
Verlauf der Sache und die Dreistigkeit des Phrynion, dann
übergab sie ihm alles, was sie dem Phrynion entwendet hatte.
Sie wünschte nämlich sehr, in die hiesige Wohnstatt (nach
Athen)[A] zurückzukehren, fürchtete aber den Phrynion, da sie
ihm Unrecht getan hatte und wußte, daß er nicht nur gegen
sie sehr aufgebracht war, sondern auch überhaupt von sehr
ungestümer Gemütsart und ein rücksichtsloser Mensch war.
Daher nahm sie diesen Stephanos hier als ihren Schutzherrn
(*prostates*)[E] an.

38 ἐπάρας δὲ αὐτὴν οὗτος ἐν τοῖς Μεγάροις τῷ λόγῳ καὶ φυσήσας, ὡς κλαύσοιτο ὁ Φρυνίων εἰ ἅψοιτο αὐτῆς, αὐτὸς δὲ γυναῖκα αὐτὴν ἕξων, τούς τε παῖδας τοὺς ὄντας αὐτῇ τότε εἰσάξων εἰς τοὺς φράτερας ὡς αὐτοῦ ὄντας καὶ πολίτας ποιήσων, ἀδικήσει δὲ οὐδεὶς ἀνθρώπων, ἀφικνεῖται αὐτὴν ἔχων δεῦρο ἐκ τῶν Μεγάρων, καὶ παιδία μετ᾽ αὐτῆς τρία, Πρόξενον καὶ Ἀρίστωνα καὶ θυγατέρα, ἣν νυνὶ Φανὼ καλοῦσιν·
39 καὶ εἰσάγει αὐτὴν καὶ τὰ παιδία εἰς τὸ οἰκίδιον ὃ ἦν αὐτῷ παρὰ τὸν ψιθυριστὴν Ἑρμῆν, μεταξὺ τῆς Δωροθέου τοῦ Ἐλευσινίου οἰκίας καὶ τῆς Κλεινομάχου, ἣν νυνὶ Σπίνθαρος παρ᾽ αὐτοῦ ἐώνηται ἑπτὰ μνῶν. ὥστε ἡ μὲν ὑπάρχουσα Στεφάνῳ οὐσία αὕτη ἦν καὶ ἄλλο οὐδέν· δυοῖν δ᾽ ἕνεκα ἦλθεν ἔχων αὐτήν, ὡς ἐξ ἀτελείας τε ἕξων καλὴν ἑταίραν, καὶ τὰ ἐπιτήδεια ταύτην ἐργασομένην καὶ θρέψουσαν τὴν οἰκίαν· οὐ γὰρ ἦν αὐτῷ ἄλλη πρόσοδος, ὅ τι μὴ συκοφαντήσας τι λάβοι.
40 πυθόμενος δὲ ὁ Φρυνίων ἐπιδημοῦσαν αὐτὴν καὶ οὖσαν παρὰ τούτῳ, παραλαβὼν νεανίσκους μεθ᾽ ἑαυτοῦ καὶ ἐλθὼν ἐπὶ τὴν οἰκίαν τὴν τοῦ Στεφάνου ἦγεν αὐτήν. ἀφαιρουμένου δὲ τοῦ Στεφάνου κατὰ τὸν νόμον εἰς ἐλευθερίαν, κατηγγύησεν αὐτὴν πρὸς τῷ πολεμάρχῳ. καὶ ὡς ἀληθῆ λέγω, τούτων αὐτὸν μάρτυρα ὑμῖν τὸν τότε πολέμαρχον παρέξομαι. καί μοι κάλει Αἰήτην Κειριάδην.

ΜΑΡΤΥΡΙΑ

Αἰήτης Κειριάδης μαρτυρεῖ πολεμαρχοῦντος αὐτοῦ κατεγγυ-ηθῆναι Νέαιραν τὴν νυνὶ ἀγωνιζομένην ὑπὸ Φρυνίωνος τοῦ Δη-μοχάρους ἀδελφοῦ, καὶ ἐγγυητὰς γενέσθαι Νεαίρας Στέφανον Ἐροιάδην, Γλαυκέτην Κηφισιέα, Ἀριστοκράτην Φαληρέα.

38 Dieser machte ihr in Megara□ mit seinen Worten Mut und
   hauchte ihr Zuversicht ein, daß es dem Phrynion schlimm
   ergehen solle, wenn er Hand an sie lege: Er aber wolle sie als
   seine Frau halten und auch die Kinder, die ihr damals waren,
   bei den Mitgliedern seiner Phratrie einführen[H] und sie zu
   Bürgern machen; überhaupt solle ihr niemand irgendein
   Unrecht zufügen. So kam er nun aus Megara□ hierher (nach
   Athen)[A], wobei er sie bei sich hatte und mit ihr drei Kinder,
   Proxenos, Ariston und eine Tochter, die man jetzt Phano
   nennt.

39 Er (Stephanos) brachte sie (Neaira) und die Kinder in das
   Häuschen, das er nahe dem Flüsternden Hermes[A] hatte,
   zwischen den Häusern des Dorotheos aus Eleusis[G] und des
   Kleinomachos, das Spintharos jetzt von ihm für 7 Minen[S]
   gekauft hat. Dies war damals das einzige Vermögen des
   Stephanos, sonst hatte er nichts. Aus zwei Gründen hatte er
   sie mitgebracht: erstens, um ohne alle Unkosten eine schöne
   Hetäre[J] zu haben, und zweitens, damit sie ihm durch ihr
   Gewerbe seinen Unterhalt verschaffe und das Haus erhalte.
   Er hatte nämlich sonst keine Einkünfte – außer dem, was er
   als Sykophant[U] einnahm.

40 Sowie aber Phrynion erfuhr, daß sie hier anwesend sei und
   sich bei Stephanos aufhalte, drang er in Begleitung junger
   Leute in dessen Haus ein und wollte sie entführen. Als Stephanos sie gemäß dem Gesetz als eine freie Person in Schutz
   nahm[Q], verlangte Phrynion für sie eine Bürgschaft beim *polemarchos*[Q]. Dafür, daß ich die Wahrheit sage, präsentiere ich
   euch den damaligen *polemarchos* als Zeugen. Rufe mir den
   Aiëtes aus Keiriadai[G].

Zeugenaussage

Aiëtes aus Keiriadai[G] bezeugt, daß zu der Zeit, als er *polemarchos* war, für die Neaira, gegen die jetzt der Prozeß (*agon*)[X]
geführt wird, von Phrynion, dem Bruder des Demochares,
eine Bürgschaft verlangt worden ist und daß als Bürgen für
Neaira Stephanos aus Eroiadai[G], Glauketes aus Kephisia[G]
und Aristokrates aus Phaleron[G] wirkten.

41 διεγγυηθεῖσα δ' ὑπὸ Στεφάνου καὶ οὖσα παρὰ τούτῳ τὴν μὲν αὐτὴν ἐργασίαν οὐδὲν ἧττον ἢ πρότερον ἠργάζετο, τοὺς δὲ μισθοὺς μείζους ἐπράττετο τοὺς βουλομένους αὐτῇ πλησιάζειν, ὡς ἐπὶ προσχήματος ἤδη τινὸς οὖσα καὶ ἀνδρὶ συνοικοῦσα. συνεσυκοφάντει δὲ καὶ οὗτος, εἴ τινα ξένον ἀγνῶτα πλούσιον λάβοι ἐραστὴν αὐτῆς, ὡς μοιχὸν ἐπ' αὐτῇ ἔνδον ἀποκλείων καὶ ἀργύριον πραττόμενος πολύ, εἰκότως ·

42 οὐσία μὲν γὰρ οὐχ ὑπῆρχεν Στεφάνῳ οὐδὲ Νεαίρᾳ, ὥστε τὰ καθ' ἡμέραν ἀναλώματα δύνασθαι ὑποφέρειν, ἡ δὲ διοίκησις συχνή, ὁπότ' ἔδει τοῦτόν τε καὶ αὐτὴν τρέφειν καὶ παιδάρια τρία, ἃ ἦλθεν ἔχουσα ὡς αὐτόν, καὶ θεραπαίνας δύο καὶ οἰκέτην διάκονον, ἄλλως τε καὶ μεμαθηκυῖα μὴ κακῶς ἔχειν τὰ ἐπιτήδεια ἑτέρων ἀναλισκόντων αὐτῇ τὸ πρότερον.

43 οὔτε γὰρ ἀπὸ τῆς πολιτείας προσῄει Στεφάνῳ τουτῳὶ ἄξιον λόγου · οὐ γάρ πω ἦν ῥήτωρ, ἀλλ' ἔτι συκοφάντης τῶν παραβοώντων παρὰ τὸ βῆμα καὶ γραφομένων μισθοῦ καὶ φαινόντων καὶ ἐπιγραφομένων ταῖς ἀλλοτρίαις γνώμαις, ἕως ὑπέπεσε Καλλιστράτῳ τῷ Ἀφιδναίῳ · ἐξ ὅτου δὲ τρόπου καὶ δι' ἣν αἰτίαν, ἐγὼ ὑμῖν καὶ περὶ τούτου διέξειμι, ἐπειδὰν περὶ ταυτησὶ Νεαίρας ἐπιδείξω ὡς ἔστι ξένη καὶ ὡς μεγάλα ὑμᾶς ἠδίκηκεν καὶ ὡς ἠσέβηκεν εἰς τοὺς θεούς,

44 ἵν' εἰδῆτε ὅτι καὶ αὐτὸς οὗτος ἄξιός ἐστιν οὐκ ἐλάττω δοῦναι δίκην ἢ καὶ Νέαιρα αὐτηί, ἀλλὰ καὶ πολλῷ μείζω καὶ μᾶλλον, ὅσῳ Ἀθηναῖος φάσκων εἶναι οὕτω πολὺ τῶν νόμων καταπεφρόνηκεν καὶ ὑμῶν καὶ τῶν θεῶν, ὥστ' οὐδ' ὑπὲρ τῶν ἡμαρτημένων αὐτῷ αἰσχυνόμενος τολμᾷ ἡσυχίαν ἄγειν, ἀλλὰ συκοφαντῶν

41 Nachdem sie nun durch die Bürgschaft von Stephanos in
Schutz genommen worden war, blieb sie bei ihm und setzte
nach wie vor ihr altes Gewerbe fort, jedoch so, daß sie größere Belohnung forderte, wenn ihr jemand nahekommen
wollte, da sie jetzt einen Vorwand dazu hatte und sagen
konnte, daß sie mit einem Mann in Ehegemeinschaft lebe. Es
half ihr aber dieser (Stephanos) durch Erpressung (*sykophan-
tia*)[J]: Wenn er einen reichen und unbekannten Fremden als
ihren Liebhaber traf, nahm er ihn als einen *moichos*[U] fest und
erpreßte viel Geld von ihm (vgl. **65**) – wie ja zu erwarten war;

42 Vermögen hatten nämlich weder Stephanos noch Neaira, aus
dem sie den täglichen Aufwand hätten bestreiten können,
und es gab doch viele Ausgaben, während sie ihn, sich und
auch drei Kinder erhalten mußte, mit denen sie zu ihm gekommen war, und außerdem zwei Sklavinnen und einen
Sklaven, und auch überhaupt war sie gewohnt, nicht geringe
Bedürfnisse zu befriedigen, da sie vorher von anderen frei-
gehalten worden war;

43 dieser Stephanos hier aber verdiente mit seiner politischen
Tätigkeit noch nichts, was der Erwähnung wert wäre. Er war
nämlich noch kein Redner, sondern noch immer ein Sykophant[U] – einer von denen, die vor der Rednerbühne lärmen
und für Geld Schriftklagen (*graphai*)[V] einbringen und andere
anzeigen und ihre Namen an die Anträge anderer Leute hef-
ten[U] –, bis er endlich in die Dienste des Kallistratos aus Aphidna[G] trat. Auf welche Weise und aus welchem Grund dies
geschah, will ich euch später[X] ausführlich erzählen, wenn ich
zuvor im Bezug auf diese Neaira hier dargetan haben werde,
daß sie eine Fremde ist, daß sie euch großes Unrecht getan
hat und daß sie gegen die Götter gefrevelt hat (*asebeia*)[K],

44 damit ihr seht, daß auch dieser hier nicht weniger seine Strafe
zu leiden verdient als diese Neaira hier selbst, ja sogar noch
eine viel größere, und um so mehr, da er trotz der Tatsache,
daß er sich als Athener ausgibt, doch solche Verachtung
gegen die Gesetze und euch und die Götter bewiesen hat,
daß er sich nicht einmal durch die Scham über seine Verfehlungen dazu bewegen läßt, ruhig zu bleiben, sondern viel-

ἄλλους τε καὶ ἐμέ, τουτονὶ πεποίηκεν αὐτὸν καὶ ταύτην εἰς τηλικοῦτον ἀγῶνα καταστῆσαι, ὥστ' ἐξετασθῆναι μὲν ταύτην ἥτις ἐστίν, ἐξελεγχθῆναι δὲ τὴν αὐτοῦ πονηρίαν.

45 λαχόντος τοίνυν αὐτῷ τοῦ Φρυνίωνος δίκην, ὅτι αὐτοῦ ἀφείλετο Νέαιραν ταυτηνὶ εἰς ἐλευθερίαν, καὶ ὅτι, ἃ ἐξῆλθεν ἔχουσα παρ' αὐτοῦ αὕτη, ὑπεδέξατο, συνῆγον αὐτοὺς οἱ ἐπιτήδειοι καὶ ἔπεισαν δίαιταν ἐπιτρέψαι αὐτοῖς. καὶ ὑπὲρ μὲν τοῦ Φρυνίωνος διαιτητὴς ἐκαθέζετο Σάτυρος Ἀλωπεκῆθεν ὁ Λακεδαιμονίου ἀδελφός, ὑπὲρ δὲ Στεφάνου τουτουὶ Σαυρίας Λαμπτρεύς· κοινὸν δὲ αὐτοῖς προσαιροῦνται Διογείτονα Ἀχαρνέα.

46 συνελθόντες δ' οὗτοι ἐν τῷ ἱερῷ, ἀκούσαντες ἀμφοτέρων καὶ αὐτῆς τῆς ἀνθρώπου τὰ πεπραγμένα, γνώμην ἀπεφήναντο, καὶ οὗτοι ἐνέμειναν αὐτῇ, τὴν μὲν ἄνθρωπον ἐλευθέραν εἶναι καὶ αὐτὴν αὑτῆς κυρίαν, ἃ δ' ἐξῆλθεν ἔχουσα Νέαιρα παρὰ Φρυνίωνος χωρὶς ἱματίων καὶ χρυσίων καὶ θεραπαινῶν, ἃ αὐτῇ τῇ ἀνθρώπῳ ἠγοράσθη, ἀποδοῦναι Φρυνίωνι πάντα· συνεῖναι δ' ἑκατέρῳ* ἡμέραν παρ' ἡμέραν· ἐὰν δὲ καὶ ἄλλως πως ἀλλήλους πείθωσι, ταῦτα κύρια εἶναι· τὰ δ' ἐπιτήδεια τῇ ἀνθρώπῳ τὸν ἔχοντα ἀεὶ παρέχειν, καὶ ἐκ τοῦ λοιποῦ χρόνου φίλους εἶναι ἀλλήλοις καὶ μὴ μνησικακεῖν.

47 ἡ μὲν οὖν γνωσθεῖσα διαλλαγὴ ὑπὸ τῶν διαιτητῶν Φρυνίωνι καὶ Στεφάνῳ περὶ Νεαίρας ταυτησὶ αὕτη ἐστίν. ὅτι δ' ἀληθῆ λέγω ταῦτα, τούτων ὑμῖν τὴν μαρτυρίαν ἀναγνώσεται. κάλει μοι Σάτυρον Ἀλωπεκῆθεν, Σαυρίαν Λαμπτρέα, Διογείτονα Ἀχαρνέα.

---

* Scholion in Codex Marcianus gr. 416 (F²): περὶ πορνείας ἀναιδοῦς.

mehr sowohl andere als auch mich, der ich hier stehe, als Sykophant^U angeklagt und dadurch sich selbst und diese (Neaira) einem so großen Prozeß (*agon*)^X ausgesetzt hat, durch den offenbar wird, was für eine sie ist, wie auch die ganze Nichtswürdigkeit dieses Menschen aufgedeckt wird.

45 Nachdem er also von Phrynion durch eine Privatklage (*dike*)^V angeklagt worden war, weil er diese Neaira hier als eine freie Person in Schutz genommen habe^Q, aber auch wegen der Entwendung von Sachen, die jene beim Fortgehen mitgenommen habe und die er sich habe übergeben lassen, luden die Vertrauten der beiden sie zusammen und bewogen sie, eine Schlichtung^W zuzulassen. Von Seiten des Phrynion trat Satyros aus Alopeke^G, der Bruder des Lakedaimonios, als Schlichter^W auf, von Seiten dieses Stephanos hier Saurias aus Lamptrai^G, und als gemeinsamer Schlichter wurde von ihnen Diogeiton aus Acharnai^G hinzugezogen.

46 Als sie im Tempel zusammengetreten waren und sich von beiden Seiten und von dieser Frauensperson gehört hatten, was geschehen war, verkündeten sie den Schiedsspruch (*gnome*)^W, daß die Frauensperson frei sein und die Macht über sich selbst haben solle (*kyria*)^E. Im übrigen solle Neaira alles, was sie bei ihrem Weggehen von Phrynion mitgenommen habe, — mit Ausnahme der Kleidungsstücke, des Goldschmucks und der Sklavinnen, die sie selbst gekauft habe — dem Phrynion zurückgeben, und sie solle abwechselnd Tag für Tag mit beiden Männern Geschlechtsverkehr haben,* doch solle, wenn sie hierzu sich miteinander zu etwas anderem bewegen ließen, dann dies gelten (*kyrios*)^E. Den Lebensunterhalt der Frauensperson solle jeweils derjenige von ihnen sichern, der sie bei sich habe, und für die Zukunft sollten sie Freunde sein und keiner dem anderen etwas nachtragen.

47 Der von den Schlichtern beschlossene Vergleich zwischen Phrynion und Stephanos über diese Neaira hier war also dieser. Dafür, daß ich die ganze Wahrheit sage, soll deren Zeugenaussage vorgelesen werden. Rufe mir Satyros aus Alopeke^G, Saurias aus Lamptrai^G und Diogeiton aus Acharnai^G.

---

* Scholion in F^2: (Das handelt) von einer schamlosen Hurerei.

ΜΑΡΤΥΡΙΑ

Σάτυρος Ἀλωπεκῆθεν, Σαυρίας Λαμπτρεύς, Διογείτων Ἀχαρνεὺς μαρτυροῦσι διαλλάξαι διαιτηταὶ γενόμενοι περὶ Νεαίρας τῆς νυνὶ ἀγωνιζομένης Στέφανον καὶ Φρυνίωνα· τὰς δὲ διαλλαγὰς εἶναι, καθ᾽ ἃς διήλλαξαν, οἵας παρέχεται Ἀπολλόδωρος.

ΔΙΑΛΛΑΓΑΙ

κατὰ τάδε διήλλαξαν Φρυνίωνα καὶ Στέφανον, χρῆσθαι ἑκάτερον Νεαίρᾳ τὰς ἴσας ἡμέρας τοῦ μηνὸς παρ᾽ ἑαυτοῖς ἔχοντας, ἂν μή τι ἄλλο αὐτοὶ αὐτοῖς συγχωρήσωσιν.

48 ὡς δ᾽ ἀπηλλαγμένοι ἦσαν, οἱ παρόντες ἑκατέρῳ ἐπὶ τῇ διαίτῃ καὶ τοῖς πράγμασιν, οἷον οἶμαι φιλεῖ γίγνεσθαι ἑκάστοτε, ἄλλως τε καὶ περὶ ἑταίρας οὔσης αὐτοῖς τῆς διαφορᾶς, ἐπὶ δεῖπνον ἦσαν ὡς ἑκάτερον αὐτῶν, ὁπότε καὶ Νέαιραν ἔχοιεν, καὶ αὐτηὶ συνεδείπνει καὶ συνέπινεν ὡς ἑταίρα οὖσα. καὶ ὅτι ταῦτ᾽ ἀληθῆ λέγω, κάλει μοι μάρτυρας τοὺς συνόντας αὐτοῖς, Εὔβουλον Προβαλίσιον, Διοπείθην Μελιτέα, Κτήσωνα ἐκ Κεραμέων.

ΜΑΡΤΥΡΕΣ

Εὔβουλος Προβαλίσιος, Διοπείθης Μελιτεύς, Κτήσων ἐκ Κεραμέων μαρτυροῦσιν, ἐπειδὴ αἱ διαλλαγαὶ ἐγένοντο αἱ περὶ Νεαίρας Φρυνίωνι καὶ Στεφάνῳ, πολλάκις συνδειπνῆσαι αὐτοῖς καὶ συμπίνειν μετὰ Νεαίρας τῆς νυνὶ ἀγωνιζομένης, καὶ ὁπότε παρὰ Στεφάνῳ εἴη Νέαιρα καὶ ὁπότε παρὰ Φρυνίωνι.

Zeugenaussage

Satyros aus Alopeke[G], Saurias aus Lamptrai[G] und Diogeiton aus Acharnai[G] bezeugen, daß sie als Schlichter[W] wegen Neaira, gegen die jetzt der Prozeß (*agon*)[X] geführt wird, einen Vergleich zwischen Stephanos und Phrynion erreicht haben und daß die Bedingungen des Vergleichs, die dabei angenommen wurden, die waren, die Apollodoros hier darstellt.

Vergleichsvertrag[W]

Unter folgenden Bedingungen haben Phrynion und Stephanos einen Vergleich vereinbart, daß jeder von beiden die Neaira für die gleiche Anzahl Tage pro Monat bei sich haben und benutzen darf, wenn sie nicht selbst etwas anderes miteinander vereinbaren.

48 Nachdem sie nun so versöhnt waren, gingen die Personen, die ihnen beiden bei der Schlichtung[W] und bei der Angelegenheit beigestanden hatten, wie dies – so meine ich – überhaupt jedesmal zu geschehen pflegt, zumal da die Sache eine Hetäre[J] betraf, zu jedem von beiden mit zum Gastmahl, wo sie denn auch die Neaira bei sich hatten; und diese hier schmauste und zechte mit, wie es eine Hetäre tut. Dafür, daß ich auch hier die Wahrheit sage, rufe mir die Zeugen, die mit ihnen zusammengewesen sind, nämlich den Eubulos aus Probalinthos[G], den Diopeithes aus Melite[G] und den Kteson aus Kerameis[G].

Zeugen

Eubulos aus Probalinthos[G], Diopeithes aus Melite[G] und Kteson aus Kerameis[G] bezeugen, als der Vergleich[W] in Sachen Neaira zwischen Phrynion und Stephanos gefunden war, oft mit ihnen zusammen geschmaust zu haben und dabei mit der Neaira gezecht zu haben, gegen die jetzt der Prozeß (*agon*)[X] geführt wird, sowohl wenn Neaira sich bei Stephanos als auch wenn sie sich bei Phrynion aufhielt.

49 ὅτι μὲν τοίνυν ἐξ ἀρχῆς δούλη ἦν καὶ ἐπράθη δὶς καὶ ἠργάζετο τῷ σώματι ὡς ἑταίρα οὖσα, καὶ ἀπέδρα τὸν Φρυνίωνα εἰς Μέγαρα, καὶ ἤκουσα κατηγγυήθη ὡς ξένη οὖσα πρὸς τῷ πολεμάρχῳ, τῷ τε λόγῳ ἀποφαίνω ὑμῖν καὶ μεμαρτύρηται. βούλομαι δ᾽ ὑμῖν καὶ αὐτὸν Στέφανον τουτονὶ ἐπιδεῖξαι κατα-μεμαρτυρηκότ᾽ αὐτῆς ὡς ἔστι ξένη.

50 τὴν γὰρ θυγατέρα τὴν ταυτησὶ Νεαίρας, ἣν ἦλθεν ἔχουσα ὡς τουτονὶ παιδάριον μικρόν, ἣν τότε μὲν Στρυβήλην ἐκάλουν, νυνὶ δὲ Φανώ, ἐκδίδωσι Στέφανος οὑτοσὶ ὡς οὖσαν αὑτοῦ θυγατέρα ἀνδρὶ Ἀθηναίῳ Φράστορι Αἰγιλιεῖ, καὶ προῖκα ἐπ᾽ αὐτῇ δίδωσι τριάκοντα μνᾶς. ὡς δ᾽ ἦλθεν ὡς τὸν Φράστορα, ἄνδρα ἐργάτην καὶ ἀκριβῶς τὸν βίον συνειλεγμένον, οὐκ ἠπίστατο τοῖς τοῦ Φράστορος τρόποις ἀρέσκειν, ἀλλ᾽ ἐζήτει τὰ τῆς μητρὸς ἔθη καὶ τὴν παρ᾽ αὐτῇ ἀκολασίαν, ἐν τοιαύτῃ οἶμαι ἐξουσίᾳ τεθραμμένη.

51 ὁρῶν δὲ Φράστωρ αὐτὴν οὔτε κοσμίαν οὖσαν οὔτ᾽ ἐθέλουσαν αὐτοῦ ἀκροᾶσθαι, ἅμα δὲ καὶ πεπυσμένος σαφῶς ἤδη ὅτι Στεφάνου μὲν οὐκ εἴη θυγάτηρ, Νεαίρας δέ, τὸ δὲ πρῶτον ἐξηπατήθη, ὅτ᾽ ἠγγυᾶτο ὡς Στεφάνου θυγατέρα λαμβάνων καὶ οὐ Νεαίρας, ἀλλὰ τούτῳ ἐξ ἀστῆς αὐτὴν γυναικὸς οὔσαν πρό-τερον πρὶν ταύτῃ συνοικῆσαι, ὀργισθεὶς δ᾽ ἐπὶ τούτοις ἅπασιν, καὶ ὑβρίσθαι ἡγούμενος καὶ ἐξηπατῆσθαι, ἐκβάλλει τὴν ἄνθρω-πον ὡς ἐνιαυτὸν συνοικήσας αὐτῇ, κυοῦσαν, καὶ τὴν προῖκα οὐκ ἀποδίδωσιν.

52 λαχόντος δὲ τοῦ Στεφάνου αὐτῷ δίκην σίτου εἰς Ὠιδεῖον κατὰ τὸν νόμον ὃς κελεύει, ἐὰν ἀποπέμπῃ τὴν γυναῖκα, ἀποδιδόναι τὴν προῖκα, ἐὰν δὲ μή, ἐπ᾽ ἐννέ᾽ ὀβολοῖς τοκοφορεῖν, καὶ σίτου

49 Daß also Neaira von Anfang an eine Sklavin war und daß sie
   zweimal verkauft wurde und mit ihrem Körper als Hetäre [J]
   ein Gewerbe trieb und von Phrynion nach Megara[□] entfloh
   und daß nach ihrer Ankunft beim *polemarchos*[Q] Bürgschaft für
   sie als für eine Fremde geleistet worden ist, ist euch sowohl
   durch meine Erzählung nachgewiesen als auch durch die
   Zeugen dargetan. Doch will ich euch noch zeigen, wie dieser
   Stephanos hier selbst bezeugt hat, daß sie eine Fremde ist.

50 Die Tochter dieser Neaira hier, mit der sie kam, als jene noch
   ein kleines Kind war, und die man damals Strybele rief, jetzt
   aber Phano, hatte dieser Stephanos hier als seine eigene
   Tochter mit einem athenischen Mann, Phrastor aus Aigilia[G],
   verheiratet und ihr eine Mitgift[I] von 30 Minen[S] gegeben. Als
   sie nun zu Phrastor gekommen war, der ein arbeitsamer
   Mann ist und sein Vermögen durch Fleiß erworben hat, ver-
   mochte sie keinen Gefallen an Phrastors Lebensweise zu finden, sondern sehnte sich vielmehr nach der Lebensart ihrer
   Mutter und der Ungebundenheit, die dort stattfand, weil – so
   meine ich – sie in einer solchen Unbeschränktheit erzogen
   worden war.

51 Da nun Phrastor sah, daß sie nicht anständig sei und ihm
   keinen Gehorsam leisten wollte, und da er zugleich auch
   deutlich erfahren hatte, daß sie nicht die Tochter des Stephanos sei, sondern der Neaira, und daß er von Anfang an hintergangen worden sei, indem er sie sich als Tochter des Stephanos in die Ehe hatte geben lassen, nicht aber als Tochter
   der Neaira, sondern als eine, die von einer Bürgerin geboren
   worden sei, die seine Frau gewesen war, bevor er mit dieser
   (Neaira) in Ehegemeinschaft lebte, wurde er über dies alles
   sehr zornig, fühlte sich schließlich dreist behandelt und betrogen und verstieß[I] diese Frauensperson aus seinem Haus,
   die sie schon ein Jahr in Ehegemeinschaft mit ihm gelebt
   hatte und nun schwanger war, gab aber die Mitgift[I] nicht
   wieder zurück.

52 Als nun Stephanos gegen ihn (beim Gericht) im Odeion[X]
   eine Privatklage auf Unterhalt (*dike sitou*)[V] dem Gesetz gemäß
   erhob, das anordnet, daß wenn jemand seine Frau verstößt[I],
   er ihr die Mitgift[I] zurückgeben solle, andernfalls ihr die Mitgift zu 18 Prozent pro Jahr[S] verzinsen solle, und daß dann

εἰς Ὠιδεῖον εἶναι δικάσασθαι ὑπὲρ τῆς γυναικὸς τῷ κυρίῳ, γράφεται ὁ Φράστωρ Στέφανον τουτονὶ γραφὴν πρὸς τοὺς θεσμοθέτας, Ἀθηναίῳ ὄντι ξένης θυγατέρα αὐτῷ ἐγγυῆσαι ὡς αὑτῷ
προσήκουσαν, κατὰ τὸν νόμον τουτονί. καί μοι ἀνάγνωθι αὐτόν.

NOMOΣ

ἐὰν δέ τις ἐκδῷ ξένην γυναῖκα ἀνδρὶ Ἀθηναίῳ ὡς ἑαυτῷ
προσήκουσαν, ἄτιμος ἔστω, καὶ ἡ οὐσία αὐτοῦ δημοσία ἔστω,
καὶ τοῦ ἑλόντος τὸ τρίτον μέρος. γραφέσθων δὲ πρὸς τοὺς
θεσμοθέτας οἷς ἔξεστιν, καθάπερ τῆς ξενίας.

53　τὸν μὲν τοίνυν νόμον ἀνέγνω ὑμῖν, καθ᾽ ὃν ἐγράφη Στέφανος
οὑτοσὶ ὑπὸ τοῦ **Φράστορος** πρὸς τοὺς θεσμοθέτας. γνοὺς δ᾽ ὅτι
κινδυνεύσει ἐξελεγχθεὶς ξένης θυγατέρα ἠγγυηκέναι {καὶ} ταῖς
ἐσχάταις ζημίαις περιπεσεῖν, διαλλάττεται πρὸς τὸν Φράστορα
καὶ ἀφίσταται τῆς προικός, καὶ τὴν δίκην τοῦ σίτου ἀνείλετο,
καὶ ὁ Φράστωρ τὴν γραφὴν παρὰ τῶν θεσμοθετῶν. καὶ ὡς
ἀληθῆ λέγω, τούτων ὑμῖν μάρτυρα αὐτὸν τὸν Φράστορα καλῶ,
καὶ ἀναγκάσω μαρτυρεῖν κατὰ τὸν νόμον.
54　κάλει μοι Φράστορα Αἰγιλιέα.

ΜΑΡΤΥΡΙΑ

Φράστωρ Αἰγιλιεὺς μαρτυρεῖ, ἐπειδὴ ᾔσθετο Νεαίρας θυγατέρα ἐγγυήσαντα αὐτῷ Στέφανον ὡς ἑαυτοῦ οὖσαν θυγατέρα,
γράψασθαι αὐτὸν γραφὴν πρὸς τοὺς θεσμοθέτας κατὰ τὸν

der Vormund (*kyrios*)[E] für die Frau eine Privatklage auf Unterhalt (*dike sitou*) im Odeion erheben dürfe, reichte Phrastor gegen diesen Stephanos hier eine Schriftklage (*graphe*)[V] bei den Thesmotheten[Q] ein, daß jener ihm, einem Athener, die Tochter einer Fremden als eine eigene in die Ehe gegeben habe, und berief sich dabei auf dieses Gesetz hier. Lies es mir vor.

Gesetz[N]

Wenn jemand eine fremde Frau einem athenischen Mann als eine ihm selbst angehörige Person in die Ehe gibt, so soll er seiner bürgerlichen Rechte verlustig gehen (*atimia*)[Z] und sein Vermögen soll eingezogen werden[Z] und ein Drittel davon dem Ankläger zufallen[U]. Die Schriftklage (*graphe*)[V] soll vor den Thesmotheten[Q] von denjenigen, denen dies möglich ist, erhoben werden, wie bei der Schriftklage wegen Verstoßes gegen das Fremdenrecht (*graphe xenias*).

53 Das Gesetz also ist euch vorgelesen worden, nach dem gegen diesen Stephanos hier eine Schriftklage (*graphe*)[V] von Phrastor bei den Thesmotheten[Q] erhoben worden ist. Da er (Stephanos) aber einsah, daß, wenn er überführt würde, die Tochter einer Fremden verheiratet zu haben, er den schwersten Strafen verfallen würde, so schloß er mit Phrastor einen Vergleich[W], verzichtete auf die Mitgift[I] und nahm auch die Privatklage auf Unterhalt (*dike sitou*)[V] zurück, und ebenso nahm auch Phrastor die bei den Thesmotheten eingereichte Schriftklage (*graphe*)[V] zurück. Dafür, daß ich die Wahrheit sage, rufe ich euch als Zeugen den Phrastor selbst und werde ihn zwingen, dem Gesetz gemäß Zeugnis abzulegen[Y].
54 Rufe mir den Phrastor aus Aigilia[G].

Zeugenaussage

Phrastor aus Aigilia[G] bezeugt, daß er, als er erfuhr, daß Stephanos ihm die Tochter der Neaira als seine eigene in die Ehe gegeben habe, eine Schriftklage (*graphe*)[V] bei den Thesmotheten[Q] gegen denselben eingereicht habe, mit Berufung

νόμον, καὶ τὴν ἄνθρωπον ἐκβαλεῖν ἐκ τῆς ἑαυτοῦ οἰκίας καὶ οὐκέτι συνοικεῖν αὐτῇ, καὶ λαχόντος αὐτῷ Στεφάνου εἰς Ὠιδεῖον σίτου διαλύσασθαι πρὸς αὐτὸν Στέφανον, ὥστε τὴν γραφὴν ἀναιρεθῆναι παρὰ τῶν θεσμοθετῶν καὶ τὴν δίκην τοῦ σίτου ἣν ἔλαχεν ἐμοὶ Στέφανος.

55 φέρε δὴ ὑμῖν καὶ ἑτέραν μαρτυρίαν παράσχωμαι τοῦ τε Φράστορος καὶ τῶν φρατέρων αὐτοῦ καὶ γεννητῶν, ὡς ἔστι ξένη Νέαιρα αὑτηί. οὐ πολλῷ χρόνῳ γὰρ ὕστερον ἢ ἐξέπεμψεν ὁ Φράστωρ τὴν τῆς Νεαίρας θυγατέρα, ἠσθένησε καὶ πάνυ πονήρως διετέθη καὶ εἰς πᾶσαν ἀπορίαν κατέστη. διαφορᾶς δ᾿ οὔσης αὐτῷ παλαιᾶς πρὸς τοὺς οἰκείους τοὺς αὑτοῦ καὶ ὀργῆς καὶ μίσους, πρὸς δὲ καὶ ἄπαις ὤν, ψυχαγωγούμενος ἐν τῇ ἀσθενείᾳ τῇ θεραπείᾳ ‹τῇ› ὑπό τε τῆς Νεαίρας καὶ τῆς θυγατρὸς αὐτῆς –

56 ἐβάδιζον γὰρ πρὸς αὐτόν, ὡς ἠσθένει καὶ ἔρημος ἦν τοῦ θεραπεύσοντος τὸ νόσημα, τὰ πρόσφορα τῇ νόσῳ φέρουσαι καὶ ἐπισκοπούμεναι· ἴστε δήπου καὶ αὐτοὶ ὅσου ἀξία ἐστὶν γυνὴ ἐν ταῖς νόσοις, παροῦσα κάμνοντι ἀνθρώπῳ –, ἐπείσθη δὴ τὸ παιδίον, ὃ ἔτεκεν ἡ θυγάτηρ ἡ Νεαίρας ταυτησὶ ὅτ᾿ ἐξεπέμφθη ὑπὸ τοῦ Φράστορος κυοῦσα, πυθομένου ὅτι οὐ Στεφάνου εἴη θυγάτηρ ἀλλὰ Νεαίρας, καὶ ὀργισθέντος ἐπὶ τῇ ἀπάτῃ, πάλιν λαβεῖν καὶ ποιήσασθαι υἱὸν αὑτοῦ,

57 λογισμὸν ἀνθρώπινον καὶ εἰκότα λογιζόμενος, ὅτι πονήρως μὲν ἔχοι καὶ οὐ πολλὴ ἐλπὶς εἴη αὐτὸν περιγενήσεσθαι, τοῦ δὲ μὴ λαβεῖν τοὺς συγγενεῖς τὰ αὑτοῦ μηδ᾿ ἄπαις τετελευτηκέναι ἐποιήσατο τὸν παῖδα καὶ ἀνέλαβεν ὡς αὑτόν· ἐπεὶ ὅτι γε ὑγιαίνων

auf das Gesetz und daß er diese seine Frau aus einem Haus
verstoßen habe[I] und mit ihr nicht mehr in Ehegemeinschaft
lebe und daß, nachdem Stephanos (beim Gericht) im Odeion[X] eine Privatklage auf Unterhalt (*dike sitou*)[V] gegen ihn
erhoben hatte, er sich mit dem Stephanos selbst ausgesöhnt
(*dialysis*)[W] habe, so daß die Schriftklage (*graphe*) bei den Thesmotheten aufgehoben werde, und daß er die Privatklage auf
Unterhalt (*dike sitou*) zurückgenommen habe, die Stephanos
gegen mich erhoben hatte.

55 Nun will ich euch auch noch ein anderes Zeugnis des Phrastor und auch der anderen Mitglieder seiner Phratrie[H] und
seines Genos[H] dafür beibringen, daß diese Neaira hier eine
Fremde ist. Nicht viel später nämlich, nachdem Phrastor die
Tochter der Neaira verstoßen[I] hatte, wurde er krank und
geriet in einen sehr traurigen Zustand und eine hilflose Lage.
Da er nun mit seinen Verwandten in alter Feindschaft und in
Zorn und Haß lebte und überdies kinderlos war, wurde er in
seiner Krankheit durch die Pflege und Hingebung der Neaira
und ihrer Tochter für sie gewonnen.

56 Diese gingen nämlich immer zu ihm, während er krank dalag
und einsam war und niemanden hatte, der ihn in seiner
Krankheit pflegte, und brachten ihm Heilmittel gegen die
Krankheit und paßten auf ihn auf. Ihr werdet wohl selbst
wissen, wie viel eine Frau bei einer Krankheit wert ist, wenn
sie einer kranken Person beisteht. So ließ er sich nun dazu
bewegen, den Knaben, den die Tochter dieser Neaira hier
geboren hatte, nachdem sie schwanger von Phrastor verstoßen worden war, weil er erfahren hatte, daß sie nicht eine
Tochter des Stephanos, sondern der Neaira sei und über den
Betrug zornig war, wieder anzunehmen und ihn (durch Adoption)[I] zu seinem Sohn zu machen,

57 womit er einem menschlichen Gefühl gemäß, wie zu erwarten war, handelte und dachte, daß er sich in einem be-
denklichen Zustand befinde und nicht mehr viel Hoffnung
bestehe, daß er durchkommen werde. Damit nun sein Vermögen nicht seinen Verwandten durch Erbschaft zufallen
und er auch nicht kinderlos sterben müsse, machte er den
Knaben zu seinem Kind und nahm ihn als Sohn zu sich[I].

οὐκ ἄν ποτε ἔπραξεν, μεγάλῳ τεκμηρίῳ καὶ περιφανεῖ ἐγὼ ὑμῖν ἐπιδείξω.

58 ὡς γὰρ ἀνέστη τάχιστα ἐξ ἐκείνης τῆς ἀσθενείας ὁ Φράστωρ καὶ ἀνέλαβεν αὑτὸν καὶ ἔσχεν ἐπιεικῶς τὸ σῶμα, λαμβάνει γυναῖκα ἀστὴν κατὰ τοὺς νόμους, Σατύρου μὲν τοῦ Μελιτέως θυγατέρα γνησίαν, Διφίλου δὲ ἀδελφήν. ὥστε ὅτι μὲν οὐχ ἑκὼν ἀνεδέξατο τὸν παῖδα, ἀλλὰ βιασθεὶς ὑπὸ τῆς νόσου καὶ τῆς ἀπαιδίας καὶ τῆς ‹ὑπ᾿› αὐτῶν θεραπείας καὶ τῆς ἔχθρας τῆς πρὸς τοὺς οἰκείους, ἵνα μὴ κληρονόμοι γένωνται τῶν αὑτοῦ, ἄν τι πάθῃ, ταῦτ᾿ ἔστω ὑμῖν τεκμήρια· δηλώσει δὲ καὶ τἀκόλουθ᾿ αὐτῶν ἔτι μᾶλλον.

59 ὡς γὰρ εἰσῆγεν ὁ Φράστωρ εἰς τοὺς φράτερας τὸν παῖδα ἐν τῇ ἀσθενείᾳ ὢν τὸν ἐκ τῆς θυγατρὸς τῆς Νεαίρας, καὶ εἰς τοὺς Βρυτίδας ὧν καὶ αὐτός ἐστιν ὁ Φράστωρ γεννήτης, εἰδότες οἶμαι οἱ γεννῆται τὴν γυναῖκα ἥτις ἦν, ἣν ἔλαβεν ὁ Φράστωρ τὸ πρῶτον, τὴν τῆς Νεαίρας θυγατέρα, καὶ τὴν ἀπόπεμψιν τῆς ἀνθρώπου, καὶ διὰ τὴν ἀσθένειαν πεπεισμένον αὐτὸν πάλιν ἀναλαβεῖν τὸν παῖδα, ἀποψηφίζονται τοῦ παιδὸς καὶ οὐκ ἐνέγραφον αὐτὸν εἰς σφᾶς αὐτούς.

60 λαχόντος δὲ τοῦ Φράστορος αὐτοῖς δίκην, ὅτι οὐκ ἐνέγραφον αὐτοῦ υἱόν, προκαλοῦνται αὐτὸν οἱ γεννῆται πρὸς τῷ διαιτητῇ ὀμόσαι καθ᾿ ἱερῶν τελείων ἦ μὴν νομίζειν εἶναι αὑτοῦ υἱὸν ἐξ ἀστῆς γυναικὸς καὶ ἐγγυητῆς κατὰ τὸν νόμον. προκαλουμένων δὲ ταῦτα τῶν γεννητῶν τὸν Φράστορα πρὸς τῷ διαιτητῇ, ἔλιπεν ὁ Φράστωρ τὸν ὅρκον καὶ οὐκ ὤμοσεν.

61 καὶ ὅτι ἀληθῆ ταῦτα λέγω, τούτων ὑμῖν μάρτυρας τοὺς παρόντας Βρυτιδῶν παρέξομαι.

Daß er aber, wenn er gesund geblieben wäre, dies nie getan hätte, das will ich euch durch einen vollgültigen und deutlichen Beweis darlegen.

58 Sobald nämlich Phrastor von jener Krankheit genesen war und sich wieder gesund und kräftig fühlte, nahm er nach den Gesetzen eine Bürgerin zur Frau, die leibliche Tochter des Satyros aus Melite[G] und Schwester des Diphilos. Dafür, daß er nicht von sich aus (*hekon*) den Knaben als sein Kind angenommen hat[I], sondern vielmehr durch die Krankheit gezwungen und durch seine Kinderlosigkeit, außerdem durch die Pflege jener Frauen und durch den Haß gegen seine Verwandten, damit diese nicht seine Erben würden, wenn ihm etwas zustoße, soll euch dies als Beweis dienen; und was hierauf folgte, wird dies noch mehr erweisen.

59 Als nämlich Phrastor während seiner Krankheit den Knaben, der von der Tochter der Neaira geboren war, als seinen Sohn in seine Phratrie[H] und sein Genos[H], die Brytiden[B], einführte, zu denen Phrastor selbst gehörte, so wußten – wie ich meine – die Genos-Mitglieder, wer diese Frau war, die Phrastor zuerst geheiratet hatte, nämlich die Tochter der Neaira, wußten von der Verstoßung[I] dieser Frauensperson und wußten auch, daß er sich nur durch seine Krankheit dazu hatte bewegen lassen, den Knaben doch noch zu adoptieren[I]; sie stimmten also gegen die Aufnahme des Knaben und trugen ihn nicht bei sich ein.

60 Da aber Phrastor gegen sie eine Privatklage (*dike*)[V] erhob, weil sie seinen Sohn nicht eingetragen hatten, forderten die Mitglieder des Genos[H] ihn auf (*proklesis*)[Y], vor dem Schlichter[W] makellose Opfer darzubringen und dabei zu beschwören[Y], er sei überzeugt, daß ihm ein Sohn von einer Bürgerfrau geboren und aus einer gesetzlichen Ehe entsprossen sei. Als die Genos-Mitglieder[H] den Phrastor in Gegenwart des Schlichters dazu aufforderten (*proklesis*), wich Phrastor dem Eid aus und leistete ihn nicht.

61 Dafür, daß ich auch hier die Wahrheit sage, will ich euch als Zeugen die von den Brytiden[B] präsentieren, die zugegen waren.

ΜΑΡΤΥΡΕΣ

Τιμόστρατος Ἑκάληθεν, Ξάνθιππος Ἐροιάδης, Εὐάλκης Φαληρεύς, Ἄνυτος Λακιάδης, Εὐφράνωρ Αἰγιλιεύς, Νίκιππος Κεφαλῆθεν μαρτυροῦσιν εἶναι καὶ αὐτοὺς καὶ Φράστορα τὸν Αἰγιλιέα τῶν γεννητῶν οἳ καλοῦνται Βρυτίδαι, καὶ ἀξιοῦντος Φράστορος εἰσάγειν τὸν υἱὸν ‹τὸν› αὐτοῦ εἰς τοὺς γεννήτας, εἰδότες αὐτοὶ ὅτι Φράστορος υἱὸς εἴη ἐκ τῆς θυγατρὸς τῆς Νεαίρας, κωλύειν εἰσάγειν Φράστορα τὸν υἱόν.

62 οὐκοῦν περιφανῶς ἐπιδεικνύω ὑμῖν καὶ αὐτοὺς τοὺς οἰκειοτάτους Νεαίρας ταυτησὶ καταμεμαρτυρηκότας ὡς ἔστιν ξένη, Στέφανόν τε τουτονὶ τὸν ἔχοντα ταύτην νυνὶ καὶ συνοικοῦντ' αὐτῇ καὶ Φράστορα τὸν λαβόντα τὴν θυγατέρα, Στέφανον μὲν οὐκ ἐθελήσαντα ἀγωνίσασθαι ὑπὲρ τῆς θυγατρὸς τῆς ταύτης, γραφέντα ὑπὸ Φράστορος πρὸς τοὺς θεσμοθέτας ὡς Ἀθηναίῳ ὄντι ξένης θυγατέρα αὐτῷ ἠγγύησεν, ἀλλ' ἀποστάντα τῆς προικὸς καὶ οὐκ ἀπολαβόντα,

63 Φράστορα δ' ἐκβαλόντα τε τὴν θυγατέρα τὴν Νεαίρας ταυτησὶ γήμαντα, ἐπειδὴ ἐπύθετο οὐ Στεφάνου οὖσαν, καὶ τὴν προῖκα οὐκ ἀποδόντα, ἐπειδή τε ἐπείσθη ὕστερον διὰ τὴν ἀσθένειαν τὴν αὐτοῦ καὶ τὴν ἀπαιδίαν καὶ τὴν ἔχθραν τὴν πρὸς τοὺς οἰκείους ποιήσασθαι τὸν υἱόν, καὶ ἐπειδὴ εἰσῆγεν εἰς τοὺς γεννήτας, ἀποψηφισαμένων τῶν γεννητῶν καὶ διδόντων ὅρκον αὐτῷ οὐκ ἐθελήσαντα ὀμόσαι, ἀλλὰ μᾶλλον εὐορκεῖν προελόμενον, καὶ ἑτέραν ὕστερον γήμαντα γυναῖκα ἀστὴν κατὰ τὸν νόμον · αὗται γὰρ αἱ πράξεις περιφανεῖς οὖσαι μεγάλας μαρτυρίας δεδώκασι κατ' αὐτῶν, ὅτι ἔστι ξένη Νέαιρα αὑτή.

Zeugen

Timostratos aus Hekale[G], Xanthippos aus Eroiadai[G], Eual-
kes aus Phaleron[G], Anytos aus Lakiadai[G], Euphranor aus Aigilia[G] und Nikippos aus Kephale[G] bezeugen, daß sie selbst
und ebenso auch Phrastor aus Aigilia[G] Mitglieder des Genos
sind, das Brytiden heißt und daß, als Phrastor seinen Sohn
unter die Genos-Mitglieder einführen wollte[H], weil sie wußten, daß dieser Sohn von Phrastor mit der Tochter der Neaira gezeugt worden sei, sie die Einführung von Phrastors
Sohn verwehrt hätten.

62 So zeige ich euch denn ganz einleuchtend und deutlich, wie
die nächsten Angehörigen dieser Neaira hier selbst bezeugt
haben, daß sie eine Fremde ist, nämlich sowohl dieser Stephanos hier, der sie jetzt hat und mit ihr in Ehegemeinschaft
lebt, als auch Phrastor, der ihre Tochter geheiratet hat: weil
Stephanos die Tochter der Neaira nicht verteidigen (*agonisa-
sthai*)[X] wollte, als von Phrastor bei den Thesmotheten[Q] eine
Schriftklage (*graphe*)[V] erhoben worden war, und weil er als
Athener jenem die Tochter einer Fremden in die Ehe gegeben habe, aber dann seine Ansprüche auf die Mitgift[I] auf-
gegeben und sie nicht zurückerhalten habe,
63 und weil Phrastor die Tochter dieser Neaira hier, nachdem er
sie geheiratet hatte, wieder verstieß[I], als er erfuhr, daß sie
nicht ein Kind des Stephanos sei, ohne daß er die Mitgift[I]
zurückgab, und weil er später – durch seine Krankheit und
Kinderlosigkeit und Feindschaft mit seinen Verwandten zur
Adoption[I] bewogen –, als die Genos-Mitglieder ihm die
Einführung des Knaben verweigerten[H], den ihm angetrage-
nen Eid[Y] zu leisten nicht bereit war, sondern lieber Eide als
unverbrüchlich achten wollte, und weil er schließlich sogar
später eine andere Frau, eine Bürgerin, den Gesetzen gemäß
heiratete. Diese offenkundigen Tatsachen bieten also voll-
gültige Beweisgründe gegen jene dafür, daß diese Neaira hier
eine Fremde ist.

64 σκέψασθε δὲ καὶ τὴν αἰσχροκερδίαν τὴν Στεφάνου τουτουὶ καὶ τὴν πονηρίαν, ἵνα καὶ ἐκ ταύτης εἰδῆτε ὅτι οὐκ ἔστιν Νέαιρα αὐτηὶ ἀστή. Ἐπαίνετον γὰρ τὸν Ἄνδριον, ἐραστὴν ὄντα Νεαίρας ταυτησὶ παλαιὸν καὶ πολλὰ ἀνηλωκότα εἰς αὐτὴν καὶ καταγόμενον παρὰ τούτοις ὁπότε ἐπιδημήσειεν Ἀθήναζε διὰ τὴν φιλίαν τὴν Νεαίρας,

65 ἐπιβουλεύσας* Στέφανος οὑτοσί, μεταπεμψάμενος εἰς ἀγρὸν ὡς θύων, λαμβάνει μοιχὸν ἐπὶ τῇ θυγατρὶ τῇ Νεαίρας ταυτησί, καὶ εἰς φόβον καταστήσας πράττεται μνᾶς τριάκοντα, καὶ λαβὼν ἐγγυητὰς τούτων Ἀριστόμαχόν τε τὸν θεσμοθετήσαντα καὶ Ναυσίφιλον τὸν Ναυσινίκου τοῦ ἄρξαντος υἱόν, ἀφίησιν ὡς ἀποδώσοντα αὐτῷ τὸ ἀργύριον.

66 ἐξελθὼν δὲ ὁ Ἐπαίνετος καὶ αὐτὸς αὑτοῦ κύριος γενόμενος γράφεται πρὸς τοὺς θεσμοθέτας γραφὴν Στέφανον τουτονί, ἀδίκως εἱρχθῆναι ὑπ᾽ αὐτοῦ, κατὰ τὸν νόμον ὃς κελεύει, ἐάν τις ἀδίκως εἵρξῃ ὡς μοιχόν, γράψασθαι πρὸς τοὺς θεσμοθέτας ἀδίκως εἱρχθῆναι, καὶ ἐὰν μὲν ἕλῃ τὸν εἵρξαντα καὶ δόξῃ ἀδίκως ἐπιβεβουλεῦσθαι, ἀθῷον εἶναι αὐτὸν καὶ τοὺς ἐγγυητὰς ἀπηλλάχθαι τῆς ἐγγύης· ἐὰν δὲ δόξῃ μοιχὸς εἶναι, παραδοῦναι αὐτὸν κελεύει τοὺς ἐγγυητὰς τῷ ἑλόντι, ἐπὶ δὲ τοῦ δικαστηρίου ἄνευ ἐγχειριδίου χρῆσθαι ὅ τι ἂν βουληθῇ, ὡς μοιχῷ ὄντι.

---

* Scholion im Codex Parisinus gr. 2934 (S): σημείωσαι, τὸ "ἐπιβουλεύσας" αἰτιᾶται τὸ ἀποδιδόμενον.

64 Bedenkt nun aber auch die schändliche Gewinnsucht und Schlechtigkeit dieses Stephanos hier, damit ihr auch daran seht, daß diese Neaira hier keine Bürgerin ist. Epainetos von Andros□, ein früherer Liebhaber dieser Neaira hier, der auf sie sehr viel Geld verwendet hatte, kehrte, sooft er sich in Athen aufhielt, bei diesen Leuten wegen seiner alten Freundschaft mit Neaira ein.

65 (Dem Epainetos)* stellte nun dieser Stephanos hier eine Falle, lud ihn unter dem Vorwand eines Opferfestes^L aufs Land ein, überraschte ihn als *moichos*^J bei der Tochter dieser Neaira hier und wollte von ihm durch Drohung 30 Minen^S erpressen, wofür er als Bürgen den ehemaligen Thesmotheten^Q Aristomachos und den Nausiphilos, Sohn des ehemaligen Archon^Q Nausinikos, annahm und ihn dann frei ließ, da er ja das Geld bezahlen werde.

66 Sobald aber dieser Epainetos freigekommen und wieder sein eigener Herr (*kyrios*)^E geworden war, reichte er bei den Thesmotheten^Q eine Schriftklage (*graphe*)^V gegen diesen Stephanos hier ein, weil er von ihm rechtswidrig festgenommen worden sei, und berief sich dabei auf das Gesetz, das anordnet, wenn jemand einen anderen rechtswidrig als *moichos*^J festnehme, so solle bei den Thesmotheten darüber eine Schriftklage (*graphe*) wegen rechtswidriger Festnahme erhoben werden, damit, wenn der Ankläger gegen den, der ihn festgenommen hat, gewinne und es sich zeige, daß rechtswidrige Fallenstellungen angewendet wurden, er selbst für unschuldig erklärt werde und die Bürgen von aller Bürgschaft entbunden würden. Wenn der Ankläger aber als *moichos* erwiesen würde, so solle er von den Bürgen dem, der den Prozeß gewonnen habe, ausgeliefert werden, der ihn dann vor Gericht, wenn auch ohne Anwendung einer Stoßwaffe, auf welche Weise auch immer er wolle, behandeln dürfe,^Z da er ein *moichos* ist.

---

* Scholion in S: Achtung: Das Wort "eine Falle stellen" erfordert eigentlich ein Objekt.

67 κατὰ δὴ τοῦτον τὸν νόμον γράφεται αὐτὸν ὁ Ἐπαίνετος, καὶ ὡμολόγει μὲν χρῆσθαι τῇ ἀνθρώπῳ, οὐ μέντοι μοιχός γε εἶναι· οὔτε γὰρ Στεφάνου θυγατέρα αὐτὴν εἶναι ἀλλὰ Νεαίρας, τήν τε μητέρα αὐτῆς συνειδέναι πλησιάζουσαν αὐτῷ, ἀνηλωκέναι τε πολλὰ εἰς αὐτάς, τρέφειν τε ὁπότε ἐπιδημήσειεν, τὴν οἰκίαν ὅλην· τόν τε νόμον ἐπὶ τούτοις παρεχόμενος, ὃς οὐκ ἐᾷ ἐπὶ ταύτῃσι μοιχὸν λαβεῖν ὁπόσαι ἂν ἐπ᾽ ἐργαστηρίου καθῶνται ἢ πωλῶνται ἀποπεφασμένως, ἐργαστήριον φάσκων καὶ τοῦτο εἶναι, τὴν Στεφάνου οἰκίαν, καὶ τὴν ἐργασίαν ταύτην εἶναι, καὶ ἀπὸ τούτων αὐτοὺς εὐπορεῖν μάλιστα.

68 τούτους δὲ τοὺς λόγους λέγοντος τοῦ Ἐπαινέτου καὶ τὴν γραφὴν γεγραμμένου, γνοὺς Στέφανος οὑτοσὶ ὅτι ἐξελεγχθήσεται πορνοβοσκῶν καὶ συκοφαντῶν, δίαιταν ἐπιτρέπει πρὸς τὸν Ἐπαίνετον αὐτοῖς τοῖς ἐγγυηταῖς, ὥστε τῆς μὲν ἐγγύης αὐτοὺς ἀφεῖσθαι, τὴν δὲ γραφὴν ἀνελέσθαι τὸν Ἐπαίνετον.

69 πεισθέντος δὲ τοῦ Ἐπαινέτου ἐπὶ τούτοις καὶ ἀνελομένου τὴν γραφὴν ἣν ἐδίωκε Στέφανον, γενομένης συνόδου αὐτοῖς καὶ καθεζομένων διαιτητῶν τῶν ἐγγυητῶν, δίκαιον μὲν οὐδὲν εἶχε λέγειν Στέφανος, εἰς ἔκδοσιν δ᾽ ἠξίου τὸν Ἐπαίνετον τῇ τῆς Νεαίρας θυγατρὶ συμβαλέσθαι, λέγων τὴν ἀπορίαν τὴν αὑτοῦ καὶ τὴν ἀτυχίαν τὴν πρότερον γενομένην τῇ ἀνθρώπῳ πρὸς τὸν Φράστορα, καὶ ὅτι ἀπολωλεκὼς εἴη τὴν προῖκα, καὶ οὐκ ἂν δύναιτο πάλιν αὐτὴν ἐκδοῦναι·

70 "σὺ δὲ καὶ κέχρησαι" ἔφη "τῇ ἀνθρώπῳ, καὶ δίκαιος εἶ ἀγαθόν τι ποιῆσαι αὐτήν", καὶ ἄλλους ἐπαγωγοὺς λόγους, οὓς ἄν τις δεόμενος ἐκ πονηρῶν πραγμάτων εἴποι ἄν. ἀκούσαντες δ᾽ ἀμφοτέρων αὐτῶν οἱ διαιτηταὶ διαλλάττουσιν αὐτούς, καὶ πείθουσι

67 Diesem Gesetz gemäß also verklagte ihn Epainetos, wobei er
zwar eingestand, mit dieser Frauensperson geschlafen zu
haben, aber erklärte, daß er kein *moichos* [J] sei. Es sei nämlich
diese Person nicht die Tochter des Stephanos, sondern der
Neaira; die Mutter habe gewußt, daß er mit jener schlafe, und
er habe viel Geld auf beide Frauen verwendet – ja, er sei,
wann immer er hier (in Athen) [A] gewesen sei, für das ganze
Haus aufgekommen. Zugleich führte er das Gesetz an, das
nicht gestattet, daß jemand als *moichos* [J] bei Personen auf-
gegriffen werde, die sich in einem Gewerbebetrieb (*ergasterion*,
Bordell) [J] befinden oder sich öffentlich verkaufen, wobei er
das Haus des Stephanos auch für einen solchen Gewerbebetrieb erklärte und behauptete, daß man dort ein solches
Gewerbe treibe und daß diese Leute davon hauptsächlich
ihren Gewinn erzielten.

68 Als Epainetos diese Behauptungen aufgestellt und auch die
Schriftklage (*graphe*) [V] eingereicht hatte, da erkannte dieser
Stephanos hier, daß er in Gefahr sei, als ein Zuhälter [J] und
Erpresser (Sykophant) [U] überführt zu werden, und überließ
daher die Schlichtung [W] mit Epainetos den Bürgen selbst mit
dem Antrag, daß sie ihrer Bürgschaft enthoben würden und
daß Epainetos auf die Schriftklage (*graphe*) verzichte.

69 Als Epainetos sich zur Annahme dieser Bedingungen hatte
bewegen lassen und die Schriftklage (*graphe*) [V] zurückgenommen hatte, mit der er den Stephanos verfolgte, konnte Stephanos, als bei ihrer Zusammenkunft die Bürgen als Schlichter [W] dasaßen, durchaus nichts Gerechtes vorbringen, sondern verlangte nur, daß Epainetos einen Beitrag zur Mitgift [I]
von Neairas Tochter leiste, indem er sich auf seine Mittel-
losigkeit und auf das Unglück berief, das der Frauensperson
früher durch Phrastor zugefügt worden war, und auf den
Verlust der Mitgift und auf die Unmöglichkeit hinwies, sie
erneut auszustatten.

70 "Du hast", sagte er, "diese Frauensperson benutzt – und darum ist es auch gerecht, daß du ihr etwas Gutes tust." Auch
noch andere mitleiderregende Aussagen machte er, so wie sie
etwa jemand gebraucht, der für eine schlechte Sache bittend
auftritt. Nachdem nun die Schlichter [W] beide angehört hatten,
lösten sie die Sache durch einen Vergleich, indem sie den

τὸν Ἐπαίνετον χιλίας δραχμὰς εἰσενεγκεῖν εἰς τὴν ἔκδοσιν τῇ θυγατρὶ τῇ Νεαίρας. καὶ ὅτι πάντα ταῦτα ἀληθῆ λέγω, τούτων ὑμῖν μάρτυρας αὐτοὺς τοὺς ἐγγυητὰς καὶ διαιτητὰς γενομένους καλῶ.

71 ΜΑΡΤΥΡΕΣ

Ναυσίφιλος Κεφαλῆθεν, Ἀριστόμαχος Κεφαλῆθεν μαρτυροῦσιν ἐγγυηταὶ γενέσθαι Ἐπαινέτου τοῦ Ἀνδρίου, ὅτ᾽ ἔφη Στέφανος μοιχὸν εἰληφέναι Ἐπαίνετον· καὶ ἐπειδὴ ἐξῆλθεν Ἐπαίνετος παρὰ Στεφάνου καὶ κύριος ἐγένετο αὑτοῦ, γράψασθαι γραφὴν Στέφανον πρὸς τοὺς θεσμοθέτας, ὅτι αὐτὸν ἀδίκως εἶρξεν· καὶ αὐτοὶ διαλλακταὶ γενόμενοι διαλλάξαι Ἐπαίνετον καὶ Στέφανον· τὰς δὲ διαλλαγὰς εἶναι ἃς παρέχεται Ἀπολλόδωρος.

ΔΙΑΛΛΑΓΑΙ

ἐπὶ τοῖσδε διήλλαξαν Στέφανον καὶ Ἐπαίνετον οἱ διαλλακταί, τῶν μὲν γεγενημένων περὶ τὸν εἰργμὸν μηδεμίαν μνείαν ἔχειν, Ἐπαίνετον δὲ δοῦναι χιλίας δραχμὰς Φανοῖ εἰς ἔκδοσιν, ἐπειδὴ κέχρηται αὐτῇ πολλάκις· Στέφανον δὲ παρέχειν Φανὼ Ἐπαινέτῳ, ὁπόταν ἐπιδημῇ καὶ βούληται συνεῖναι αὐτῇ.

72 τὴν τοίνυν περιφανῶς ἐγνωσμένην ξένην εἶναι καὶ ἐφ᾽ ᾗ μοιχὸν οὗτος ἐτόλμησε λαβεῖν, εἰς τοσοῦτον ὕβρεως καὶ ἀναιδείας ἦλθεν Στέφανος οὑτοσὶ καὶ Νέαιρα αὑτή, ὥστε ἐτόλμησαν μὴ ἀγαπᾶν εἰ ἔφασκον αὐτὴν ἀστὴν εἶναι, ἀλλὰ κατιδόντες Θεογένην Κοιρωνίδην λαχόντα βασιλέα, ἄνθρωπον εὐγενῆ μέν,

Epainetos dazu bewogen, 1000 Drachmen[S] zur Mitgift[I] für
die Tochter der Neaira beizutragen. Dafür, daß ich mit all
diesem die Wahrheit sage, rufe ich euch die Bürgen und
Schlichter selbst als Zeugen auf.

71 Zeugen

Nausiphilos aus Kephale[G] und Aristomachos aus Kephale[G]
bezeugen, dem Epainetos aus Andros[□] als Bürgen gedient zu
haben, als Stephanos angab, daß er Epainetos als *moichos*[J]
festgenommen hätte, und daß Epainetos, als er von Stephanos freigegeben war und wieder die Macht über sich selbst
bekam (*kyrios*)[E], eine Schriftklage (*graphe*)[V] gegen Stephanos
bei den Thesmotheten[Q] eingereicht hat, weil er ihn rechtswidrig festgenommen hatte, und daß sie, nachdem sie selbst
als Schlichter[W] aufgerufen worden waren, einen Vergleich[W]
zwischen Epainetos und Stephanos herbeigeführt haben und
daß der Vergleichsvertrag genau der war, den Apollodoros
vorlegt.

Vergleichsvertrag[W]

Unter folgenden Bedingungen haben die Schlichter einen
Vergleich zwischen Stephanos und Epainetos herbeigeführt:
Es solle der Vorfälle bei der Festnahme weiter nicht gedacht
werden und Epainetos solle der Phano 1000 Drachmen[S] für
die Mitgift[I] zahlen, da er sie doch schon oft benutzt hatte.
Stephanos aber solle dem Epainetos die Phano so oft überlassen, wie er sich hier (in Athen)[A] aufhalten werde und mit
ihr zusammensein wolle.

72 Obgleich nun also offenkundig anerkannt war, daß diese Person eine Fremde ist, bei der Stephanos einen Mann als *moichos*[J] festzunehmen sich erfrecht hatte, so haben dennoch
dieser Stephanos hier und diese Neaira hier ihre Dreistigkeit
und Unverschämtheit so weit getrieben, daß sie sich nicht
damit begnügten, sie als eine Bürgerin auszugeben: Als sie
nämlich sahen, daß der Koironide[B] Theogenes durch das

πένητα δὲ καὶ ἄπειρον πραγμάτων, συμπαραγενόμενος αὐτῷ δοκιμαζομένῳ καὶ συνευπορήσας ἀναλωμάτων, ὅτε εἰσῄει εἰς τὴν ἀρχήν, Στέφανος οὑτοσί, καὶ ὑπελθὼν καὶ τὴν ἀρχὴν παρ' αὐτοῦ πριάμενος, πάρεδρος γενόμενος, δίδωσι τὴν ἄνθρωπον ταύτην γυναῖκα, τὴν τῆς Νεαίρας θυγατέρα, καὶ ἐγγυᾷ Στέφανος οὑτοσὶ ὡς αὑτοῦ θυγατέρα οὖσαν· οὕτω πολὺ τῶν νόμων καὶ ὑμῶν κατεφρόνησεν.

73 καὶ αὕτη ἡ γυνὴ ὑμῖν ἔθυε τὰ ἄρρητα ἱερὰ ὑπὲρ τῆς πόλεως, καὶ εἶδεν ἃ οὐ προσῆκεν αὐτὴν ὁρᾶν ξένην οὖσαν, καὶ τοιαύτη οὖσα εἰσῆλθεν οἷ οὐδεὶς ἄλλος Ἀθηναίων τοσούτων ὄντων εἰσέρχεται ἀλλ' ἢ ἡ τοῦ βασιλέως γυνή, ἐξώρκωσέν τε τὰς γεραρὰς τὰς ὑπηρετούσας τοῖς ἱεροῖς, ἐξεδόθη δὲ τῷ Διονύσῳ γυνή, ἔπραξε δὲ ὑπὲρ τῆς πόλεως τὰ πάτρια τὰ πρὸς τοὺς θεούς, πολλὰ καὶ ἅγια καὶ ἀπόρρητα. ἃ δὲ μηδ' ἀκοῦσαι πᾶσιν οἷόν τ' ἐστίν, πῶς ποιῆσαί γε τῇ ἐπιτυχούσῃ εὐσεβῶς ἔχει, ἄλλως τε καὶ τοιαύτη γυναικὶ καὶ τοιαῦτα ἔργα διαπεπραγμένῃ;

74 βούλομαι δ' ὑμῖν ἀκριβέστερον περὶ αὐτῶν ἄνωθεν διηγήσασθαι καθ' ἕκαστον, ἵνα μᾶλλον ἐπιμέλειαν ποιήσησθε τῆς τιμωρίας, καὶ εἰδῆτε ὅτι οὐ μόνον ὑπὲρ ὑμῶν αὐτῶν καὶ τῶν νόμων τὴν ψῆφον οἴσετε, ἀλλὰ καὶ τῆς πρὸς τοὺς θεοὺς εὐλαβείας, τιμωρίαν ὑπὲρ τῶν ἠσεβημένων ποιούμενοι καὶ κολάζοντες τοὺς ἠδικηκότας. τὸ γὰρ ἀρχαῖον, ὦ ἄνδρες Ἀθηναῖοι, δυναστεία ἐν τῇ πόλει ἦν καὶ ἡ βασιλεία τῶν ἀεὶ ὑπερεχόντων διὰ τὸ αὐτόχθονας εἶναι, τὰς δὲ θυσίας ἁπάσας ὁ βασιλεὺς ἔθυε, καὶ τὰς σεμνοτάτας καὶ ἀρρήτους ἡ γυνὴ αὐτοῦ ἐποίει, εἰκότως, βασίλιννα οὖσα.

Los^O zum *basileus*^{Q} geworden war, der zwar von edler Herkunft, aber arm und in Geschäften unerfahren war, so machte sich dieser Stephanos hier an jenen heran, als er die Überprüfung (*dokimasia*)^O bestand, bot ihm Geld für den nötigen Aufwand, als er sein Amt antrat, und wurde sogar durch Kauf der Stelle sein Beisitzer (*paredros*)^Q, worauf er ihm dann diese Frauensperson zur Frau gab, die Tochter der Neaira, so daß diese als Tochter des Stephanos hier in die Ehe gegeben wurde. So sehr verachtete er die Gesetze und euch!

73 Und so durfte diese Frau euch sogar jene geheimen Opfer für den Staat darbringen und Dinge schauen, die ihr als einer Fremden zu sehen nicht erlaubt waren, und obwohl sie eine solche war, fand sie Zutritt, wohin kein einziger Athener zugelassen wird außer der Frau des *basileus*^{Q}. Sie vereidigte die Frauen, die *gerarai*^{L} heißen und Gehilfinnen bei den heiligen Gebräuchen sind; sie wurde (in der "Heiligen Hochzeit")^L dem Dionysos als Frau beigesellt und vollzog für den Staat die überlieferten Zeremonien zur Ehre der Götter, die zahlreich, heilig und geheim sind. Wie sollte es aber mit der Pietät (*eusebeia*)^K vereinbar sein, daß, was nicht einmal allen zu hören erlaubt ist, geschweige denn, daß die Vollziehung einer beliebigen Frau übertragen werden durfte, dies nun sogar von einer Frau vollbracht wurde, die ein solches Gewerbe betrieben hatte?

74 Doch ich will hier weiter ausholen und alles Einzelne genau erzählen, damit ihr euch die Rache/Strafe^V umso mehr angelegen sein laßt und euch davon überzeugt, daß ihr nicht nur für euch selbst und für die Gesetze euer Stimmplättchen (*psephos*)^Z abgeben werdet, sondern auch für die den Göttern gebührende Ehrerbietung (*eulabeia*), indem ihr die Frevler (*asebeia*)^K zu bestrafen und die Unrecht-Täter zu züchtigen habt. In alter Zeit^B nämlich, ihr Männer von Athen, gab es eine Königsherrschaft (*dynasteia*) in der Stadt, und das Königtum (*basileia*)^B befand sich stets in den Händen derer, die als Ureinwohner (*autochthones*)^B den höchsten Rang hatten. Alle Opfer aber brachte der König (*basileus*)^B dar, und die heiligsten und geheimnisvollsten unter ihnen seine Frau, wie zu erwarten war, weil sie ja die Königin (*basilinna*)^B war.

75 ἐπειδὴ δὲ Θησεὺς συνῴκισεν αὐτοὺς καὶ δημοκρατίαν ἐποίησεν καὶ ἡ πόλις πολυάνθρωπος ἐγένετο, τὸν μὲν βασιλέα οὐδὲν ἧττον ὁ δῆμος ᾑρεῖτο ἐκ προκρίτων κατ᾽ ἀνδραγαθίαν χειροτονῶν, τὴν δὲ γυναῖκα αὐτοῦ νόμον ἔθεντο ἀστὴν εἶναι καὶ μὴ ἐπιμεμειγμένην ἑτέρῳ ἀνδρὶ ἀλλὰ παρθένον γαμεῖν, ἵνα κατὰ τὰ πάτρια θύηται τὰ ἄρρητα ἱερὰ ὑπὲρ τῆς πόλεως, καὶ τὰ νομιζόμενα γίγνηται τοῖς θεοῖς εὐσεβῶς καὶ μηδὲν καταλύηται μηδὲ καινοτομῆται.

76 καὶ τοῦτον τὸν νόμον γράψαντες ἐν στήλῃ λιθίνῃ ἔστησαν ἐν τῷ ἱερῷ τοῦ Διονύσου παρὰ τὸν βωμὸν ἐν Λίμναις – καὶ αὕτη ἡ στήλη ἔτι καὶ νῦν ἕστηκεν, ἀμυδροῖς γράμμασιν Ἀττικοῖς δηλοῦσα τὰ γεγραμμένα –, μαρτυρίαν ποιούμενος ὁ δῆμος ὑπὲρ τῆς αὐτοῦ εὐσεβείας πρὸς τὸν θεὸν καὶ παρακαταθήκην καταλείπων τοῖς ἐπιγιγνομένοις, ὅτι τήν γε θεῷ γυναῖκα δοθησομένην καὶ ποιήσουσαν τὰ ἱερὰ τοιαύτην ἀξιοῦμεν εἶναι. καὶ διὰ ταῦτα ἐν τῷ ἀρχαιοτάτῳ ἱερῷ τοῦ Διονύσου καὶ ἁγιωτάτῳ ἐν Λίμναις ἔστησαν, ἵνα μὴ πολλοὶ εἰδῶσιν τὰ γεγραμμένα · ἅπαξ γὰρ τοῦ ἐνιαυτοῦ ἑκάστου ἀνοίγεται, τῇ δωδεκάτῃ τοῦ ἀνθεστηριῶνος μηνός.

77 ὑπὲρ τοίνυν ἁγίων καὶ σεμνῶν ἱερῶν, ὧν οἱ πρόγονοι ὑμῶν οὕτως καλῶς καὶ μεγαλοπρεπῶς ἐπεμελήθησαν, ἄξιον καὶ ὑμᾶς σπουδάσαι, ὦ ἄνδρες Ἀθηναῖοι, καὶ τοὺς ἀσελγῶς μὲν καταφρονοῦντας τῶν νόμων τῶν ὑμετέρων, ἀναιδῶς δ᾽ ἠσεβηκότας εἰς τοὺς θεοὺς ἄξιον τιμωρήσασθαι δυοῖν ἕνεκα, ἵνα οὗτοί τε τῶν ἠδικημένων δίκην δῶσιν, οἵ τ᾽ ἄλλοι πρόνοιαν ποιῶνται καὶ φοβῶνται μηδὲν εἰς τοὺς θεοὺς καὶ τὴν πόλιν ἁμαρτάνειν.

75 Als aber Theseus (die Bewohner von Attika□ in die Stadt
Athen) zusammensiedelte (*synoikismos*)^B und die Demokratie
schuf^B und als die Stadt volkreicher wurde, wählte das Volk
in offener Abstimmung (*cheirotonia*)^N wie zuvor auch weiterhin den König (*basileus*)^Q, und zwar aus einer Gruppe, die
aufgrund ihrer Rechtschaffenheit (*andragathia*) vorab ausge-
wählt worden war, und man bestimmte durch das Gesetz,
daß seine Frau^Q eine Bürgerin sein müsse, die nicht schon
mit einem anderen Mann geschlafen hätte, sondern als Jung-
frau heirate, damit die geheimen Opfer zum Wohl und im
Namen des Staates dargebracht würden und allen Gebräuchen mit Pietät (*eusebeia*)^K gegenüber den Göttern Genüge
getan und nichts davon abgeschafft oder verändert werde.

76 Dieses Gesetz wurde auf einer Marmorstele aufgeschrieben,
die man im Tempel des Dionysos beim Altar an den Sümp-
fen^A aufstellte – und diese Stele steht auch jetzt noch dort,
mit veralteten attischen Schriftzügen, die das Aufgeschrie-
bene bewahren –, denn das Volk wollte dies als ein Zeugnis
seiner Pietät (*eusebeia*)^K gegenüber dem Gott niederlegen und
den Nachkommen gleichsam als ein Pfand dafür hinterlassen, daß man eine solche Frau, die (in der "Heiligen Hochzeit")^L dem Gott (Dionysos) als Frau beigesellt werden
sollte, zur Vollziehung der Opfer haben wolle. Darum stellten sie diese Stele ja auch gerade im ältesten und heiligsten
Tempel des Dionysos bei den Sümpfen auf, damit (ihrer
Ehrwürdigkeit halber) nicht viele das darauf Eingeschriebene
zu sehen bekämen. Nur einmal im Jahr nämlich wird dieser
Tempel geöffnet, am 12. Tag des Monats Anthesterion^R.

77 Solche heiligen und ehrwürdigen Heiligtümer nun, für die
eure Vorfahren auf so schöne und großartige Weise gesorgt
haben, müßt auch ihr mit Eifer und Ernst behandeln, ihr
Männer von Athen, und diejenigen, die mit unzüchtigem
Verhalten eure Gesetze verachtet haben und schamlos Frevel
(*asebeia*)^K gegen die Götter geübt haben, müßt ihr, wie sie es
verdienen, aus zwei Gründen bestrafen: erstens, damit diese
für ihre Unrecht-Taten büßen, und zweitens, damit andere
sich in acht nehmen und sich scheuen, sich durch irgendwelche Taten gegen die Götter und gegen den Staat zu vergehen.

78 βούλομαι δ' ὑμῖν καὶ τὸν ἱεροκήρυκα καλέσαι, ὃς ὑπηρετεῖ τῇ τοῦ βασιλέως γυναικί, ὅταν ἐξορκοῖ τὰς γεραρὰς ἐν κανοῖς πρὸς τῷ βωμῷ, πρὶν ἅπτεσθαι τῶν ἱερῶν, ἵνα καὶ τοῦ ὅρκου καὶ τῶν λεγομένων ἀκούσητε, ὅσα οἷόν τ' ἐστὶν ἀκούειν, καὶ εἰδῆτε ὡς σεμνὰ καὶ ἅγια καὶ ἀρχαῖα τὰ νόμιμά ἐστιν.

ΟΡΚΟΣ ΓΕΡΑΡΩΝ

ἁγιστεύω καὶ εἰμὶ καθαρὰ καὶ ἁγνὴ ἀπό ‹τε› τῶν ἄλλων τῶν οὐ καθαρευόντων καὶ ἀπ' ἀνδρὸς συνουσίας, καὶ τὰ θεοίνια καὶ τὰ ἰοβάκχεια γεραρῶ τῷ Διονύσῳ κατὰ τὰ πάτρια καὶ ἐν τοῖς καθήκουσι χρόνοις.

79 τοῦ μὲν ὅρκου τοίνυν καὶ τῶν νομιζομένων πατρίων, ὅσα οἷόν τ' ἐστὶν εἰπεῖν, ἀκηκόατε, καὶ ὡς ἣν Στέφανος ἠγγύησεν τῷ Θεογένει γυναῖκα βασιλεύοντι ὡς αὑτοῦ οὖσαν θυγατέρα, αὕτη ἐποίει τὰ ἱερὰ ταῦτα καὶ ἐξώρκου τὰς γεραράς, καὶ ὅτι οὐδ' αὐταῖς ταῖς ὁρώσαις τὰ ἱερὰ ταῦτα οἷόν τ' ἐστὶν λέγειν πρὸς ἄλλον οὐδένα. φέρε δὴ καὶ μαρτυρίαν παράσχωμαι ὑμῖν δι' ἀπορρήτου μὲν γεγενημένην, ὅμως δὲ αὐτοῖς τοῖς πεπραγμένοις ἐπιδείξω φανερὰν οὖσαν αὐτὴν καὶ ἀληθῆ.

80 ὡς γὰρ ἐγένετο τὰ ἱερὰ ταῦτα καὶ ἀνέβησαν εἰς Ἄρειον πάγον οἱ ἐννέα ἄρχοντες ταῖς καθηκούσαις ἡμέραις, εὐθὺς ἡ βουλὴ ἡ ἐν Ἀρείῳ πάγῳ, ὥσπερ καὶ τἄλλα πολλοῦ ἀξία ἐστὶν τῇ πόλει περὶ εὐσέβειαν, ἐζήτει τὴν γυναῖκα ταύτην τοῦ Θεογένους ἥτις ἦν, καὶ ἐξήλεγχεν, καὶ περὶ τῶν ἱερῶν πρόνοιαν ἐποιεῖτο, καὶ ἐζημίου τὸν Θεογένην ὅσα κυρία ἐστίν, ἐν ἀπορρήτῳ δὲ καὶ διὰ

78 Ich will euch aber auch den *hierokeryx*^L herbeirufen, der als Diener der Frau des *basileus*^Q beisteht, wenn sie die *gerarai*^L bei den Körben am Altar vereidigt, bevor sie die Opfergaben mit den Händen anrühren dürfen, damit ihr sowohl den Eid als auch die dabei gesprochenen Worte vernehmt – so viel jedenfalls euch davon zu hören gestattet ist – und damit ihr euch dadurch überzeugt, wie ehrwürdig, heilig und altertümlich jene Gebräuche sind.

Eid der *gerarai*^L

Ich beachte die heiligen Gebräuche und bin rein und unbefleckt von dem, was unrein macht und vom Geschlechtsverkehr mit einem Mann, und begehe die *Theoinia*^L und die *Iobakcheia*^L dem Dionysos zu Ehren, nach der ererbten Sitte und zur geziemenden Zeit.

79 Den Eid und die ererbte Sitte und Einrichtung, soweit sie durch Worte beschrieben werden können, habt ihr nun also gehört und auch, daß die Frau, die Stephanos dem Theogenes als *basileus*^Q mit der Angabe vermählte, daß sie seine Tochter sei, diese heiligen Gebräuche und Handlungen vollzogen und die *gerarai*^L vereidigt hat, und auch, daß selbst den Frauen, denen diese heiligen Zeremonien zu schauen gestattet ist, gegen andere darüber zu sprechen verwehrt bleibt. Jetzt will ich euch auch etwas als Zeugnis beibringen, das zwar im Geheimen geschehen ist, dessen Wahrheit und Zuverlässigkeit sich jedoch durch die Tatsache selbst beweisen werden.

80 Als nämlich diese heiligen Handlungen vollzogen waren, und die Neun Archonten^Q sich auf den Areopag^A an den dazu bestimmten Tagen begaben, stellte der Rat (*boulè*) auf dem Areopag^P, der auch sonst zum Schutz der Pietät (*eusebeia*)^K für den Staat großen Wert hat, zugleich eine Untersuchung gegen diese Frau des Theogenes an, wer sie eigentlich sei. Er entlarvte sie, und um die heiligen Handlungen zu wahren, bestrafte er ihren Gatten Theogenes, soweit er (der Rat) die Macht hat (*kyrios*)^E, freilich insgeheim und unter Beachtung

κοσμιότητος· οὐ γὰρ αὐτοκράτορές εἰσιν, ὡς ἂν βούλωνται,
Ἀθηναίων τινὰ κολάσαι.

81 γενομένων δὲ λόγων, καὶ χαλεπῶς φερούσης τῆς ἐν Ἀρείῳ πάγῳ
βουλῆς καὶ ζημιούσης τὸν Θεογένην ὅτι τοιαύτην ἔλαβεν
γυναῖκα καὶ ταύτην εἴασε ποιῆσαι τὰ ἱερὰ τὰ ἄρρητα ὑπὲρ τῆς
πόλεως, ἐδεῖτο ὁ Θεογένης ἱκετεύων καὶ ἀντιβολῶν, λέγων ὅτι
οὐκ ᾔδει Νεαίρας αὐτὴν οὖσαν θυγατέρα, ἀλλ᾽ ἐξαπατηθείη ὑπὸ
Στεφάνου, ὡς αὐτοῦ θυγατέρα οὖσαν αὐτὴν λαμβάνων γνησίαν
κατὰ τὸν νόμον, καὶ διὰ τὴν ἀπειρίαν τῶν πραγμάτων καὶ τὴν
ἀκακίαν τὴν ἑαυτοῦ τοῦτον πάρεδρον ποιήσαιτο, ἵνα διοικήσῃ
τὴν ἀρχήν, ὡς εὔνουν ὄντα, καὶ διὰ τοῦτο κηδεύσειεν αὐτῷ.

82 "ὅτι δὲ" ἔφη "οὐ ψεύδομαι, μεγάλῳ τεκμηρίῳ καὶ περιφανεῖ
ἐπιδείξω ὑμῖν· τὴν γὰρ ἄνθρωπον ἀποπέμψω ἐκ τῆς οἰκίας,
ἐπειδὴ οὐκ ἔστιν Στεφάνου θυγάτηρ ἀλλὰ Νεαίρας. κἂν μὲν
ταῦτα ποιήσω, ἤδη πιστοὶ ὑμῖν ἔστωσαν οἱ λόγοι οἱ παρ᾽ ἐμοῦ
λεγόμενοι, ὅτι ἐξηπατήθην· ἐὰν δὲ μὴ ποιήσω, τότ᾽ ἤδη με
κολάζετε ὡς πονηρὸν ὄντα καὶ εἰς τοὺς θεοὺς ἠσεβηκότα."

83 ὑποσχομένου δὲ ταῦτα τοῦ Θεογένους καὶ δεομένου, ἅμα μὲν
καὶ ἐλεήσασα αὐτὸν ἡ ἐν Ἀρείῳ πάγῳ βουλὴ διὰ τὴν ἀκακίαν
τοῦ τρόπου, ἅμα δὲ καὶ ἐξηπατῆσθαι τῇ ἀληθείᾳ ἡγουμένη ὑπὸ
τοῦ Στεφάνου, ἐπέσχεν. ὡς δὲ κατέβη ἐξ Ἀρείου πάγου ὁ
Θεογένης, εὐθὺς τήν τε ἄνθρωπον τὴν ταυτησὶ Νεαίρας
θυγατέρα ἐκβάλλει ἐκ τῆς οἰκίας, τόν τε Στέφανον τὸν ἐξαπατή-
σαντα αὐτὸν τουτονὶ ἀπελαύνει ἀπὸ τοῦ συνεδρίου.

des Anstandes. Sie haben nämlich nicht für sich die Gewalt
(*autokratores*), einen Athener so zu bestrafen, wie sie es gerade
wollen.

81 Da nun aber die Sache zur Sprache gekommen war und der
Rat (*boule*) auf dem Areopag[P] die Sache schwer ahndete und
den Theogenes dafür bestrafte, daß er eine solche Frau genommen hätte und durch sie die geheimen Opfer für den
Staat hätte vollziehen lassen, bat Theogenes demütig und
flehentlich und beteuerte, er hätte nicht gewußt, daß jene
eine Tochter der Neaira sei, daß er vielmehr von Stephanos
hintergangen worden sei, indem er sie als dessen leibliche
Tochter nach dem Gesetz zu heiraten geglaubt habe, und
indem er nur wegen seiner Unerfahrenheit in solchen Ange-
legenheiten und aus Arglosigkeit jenen zum Beisitzer (*paredros*)[Q] angenommen habe, damit er die Geschäfte des Amts
besorge, unter der Voraussetzung, daß er ein wohlgesonne-
ner Mann sei, weshalb er auch ein Verwandtschaftsverhältnis
mit ihm angeknüpft habe.

82 "Daß ich", sagte er, "nicht lüge, dafür will ich euch einen
vollgültigen und klaren Beweis geben: Ich will nämlich diese
Frau aus meinem Haus verstoßen[I], da sie nicht die Tochter
des Stephanos, sondern der Neaira ist. Wenn ich nun dies
tun werde, dann sollen euch auch die von mir gesagten
Worte vertrauenswürdig erscheinen, daß ich betrogen worden bin. Wenn ich dies aber nicht tun werde, dann sollt ihr
mich als einen Ruchlosen und Frevler gegen die Götter
(*asebes*)[K] bestrafen."

83 Als Theogenes diese Versprechen und Bitten vortrug, fühlte
der Rat (*boule*) auf dem Areopag[P] Mitleid mit ihm wegen der
Arglosigkeit seines Charakters; zudem überzeugte er sich,
daß der Mann wirklich von Stephanos überlistet worden war
und verschob daher die Bestrafung. Als nun Theogenes vom
Areopag[A] zurückkam, verstieß[I] er sogleich diese Frau, die
Tochter dieser Neaira hier, aus seinem Haus und entließ diesen Stephanos hier, der ihn hintergangen hatte, aus seinem
Beisitzergremium (*synedrion*)[Q].

καὶ οὕτως ἐπαύσαντο οἱ Ἀρεοπαγῖται κρίνοντες τὸν Θεογένην καὶ ὀργιζόμενοι αὐτῷ, καὶ συγγνώμην εἶχον ἐξαπατηθέντι.

84 καὶ ὅτι ταῦτ᾽ ἀληθῆ λέγω, τούτων ὑμῖν μάρτυρα αὐτὸν τὸν Θεογένην καλῶ καὶ ἀναγκάσω μαρτυρεῖν. κάλει μοι Θεογένην Ἐρχιέα.

MΑΡΤΥΡΙΑ

Θεογένης Ἐρχιεὺς μαρτυρεῖ, ὅτε αὐτὸς ἐβασίλευεν, γῆμαι Φανὼ ὡς Στεφάνου οὖσαν θυγατέρα, ἐπεὶ δὲ ᾔσθετο ἐξηπατημένος, τήν τε ἄνθρωπον ἐκβαλεῖν καὶ οὐκέτι συνοικεῖν αὐτῇ, καὶ Στέφανον ἀπελάσαι ἀπὸ τῆς παρεδρίας καὶ οὐκ ἐᾶν ἔτι παρεδρεύειν αὐτῷ.

85 λαβὲ δή μοι τὸν νόμον ἐπὶ τούτοις τουτονὶ καὶ ἀνάγνωθι, ἵν᾽ εἰδῆτε ὅτι οὐ μόνον προσῆκεν αὐτὴν ἀπέχεσθαι τῶν ἱερῶν τούτων τοιαύτην οὖσαν καὶ τοιαῦτα διαπεπραγμένην, τοῦ ὁρᾶν καὶ θύειν καὶ ποιεῖν τι τῶν νομιζομένων ὑπὲρ τῆς πόλεως πατρίων, ἀλλὰ καὶ τῶν ἄλλων τῶν Ἀθήνησιν ἁπάντων. ἐφ᾽ ᾗ γὰρ ἂν μοιχὸς ἁλῷ γυναικί, οὐκ ἔξεστιν αὐτῇ ἐλθεῖν εἰς οὐδὲν τῶν ἱερῶν τῶν δημοτελῶν, εἰς ἃ καὶ τὴν ξένην καὶ τὴν δούλην {ἐλθεῖν} ἐξουσίαν ἔδοσαν οἱ νόμοι καὶ θεασομένην καὶ ἱκετεύσουσαν εἰσιέναι ·

86 ἀλλὰ μόναις ταύταις ἀπαγορεύουσιν οἱ νόμοι ταῖς γυναιξὶ μὴ εἰσιέναι εἰς τὰ ἱερὰ τὰ δημοτελῆ, ἐφ᾽ ᾗ ἂν μοιχὸς ἁλῷ, ἐὰν δ᾽ εἰσίωσι καὶ παρανομῶσι, νηποινεὶ πάσχειν ὑπὸ τοῦ βουλομένου ὅ τι ἂν πάσχῃ, πλὴν θανάτου, καὶ ἔδωκεν ὁ νόμος τὴν τιμωρίαν ὑπὲρ αὐτῶν τῷ ἐντυχόντι, διὰ τοῦτο δ᾽ ἐποίησεν ὁ νόμος, πλὴν

So gaben auch die Ratsherren vom Areopag[P] die gerichtliche Verfolgung des Theogenes und ihren Unwillen gegen ihn auf und verziehen ihm, weil er betrogen worden war.

84 Dafür, daß ich auch hier die Wahrheit sage, rufe ich euch den Theogenes selbst als Zeugen auf und werde ihn zwingen, Zeugnis abzulegen[Y]. Rufe mir den Theogenes aus Erchia[G].

Zeugenaussage

Theogenes aus Erchia[G] bezeugt, daß er, als er *basileus*[Q] war, die Phano als die angebliche Tochter des Stephanos geheiratet habe, daß er aber, sobald er gesehen habe, daß er dabei getäuscht worden war, die Frauensperson verstoßen[I] und nicht mehr mit ihr in Ehegemeinschaft gelebt habe, und ferner auch den Stephanos aus dem Amt eines Beisitzers (*paredros*)[Q] entlassen und nicht länger als Beisitzer behalten habe.

85 Nimm mir nun auch dieses nachfolgende Gesetz hier und lies es vor, damit ihr erkennt, daß jene Frau, die eine solche Person ist und ein solches Leben geführt hatte, sich nicht nur der Teilnahme an diesen heiligen Gebräuchen und des Schauens und Opferns und der Verrichtung der herkömmlichen Zeremonien im Namen der Stadt, sondern auch aller anderen Rechte in Athen hätte enthalten sollen. Eine Frau nämlich, bei der ein *moichos*[J] angetroffen wird, darf in keinem öffentlichen Heiligtum erscheinen, zu dem doch selbst den Fremden und den Sklavinnen zu kommen von den Gesetzen gestattet wird, sowohl um zuzuschauen als auch um zu beten;

86 nur solchen Frauen allein untersagen die Gesetze den Besuch der öffentlichen Heiligtümer, bei denen ein *moichos*[J] angetroffen worden ist. Wenn sie dennoch erscheinen und sich damit gegen das Gesetz vergehen, müssen sie sich von jedem, der will,[U] ohne Straffolgen alles gefallen lassen, was er ihnen zufügen will – außer Tötung –[Z], und das Gesetz hat jedem, der sie antrifft, die Befugnis erteilt, das Recht zur Bestrafung dafür verliehen.. Das Gesetz hat darum solchen Frauen, auch wenn ihnen sonst jede Art von Dreistigkeit –

θανάτου, τἄλλα ὑβρισθεῖσαν αὐτὴν μηδαμοῦ λαβεῖν δίκην, ἵνα μὴ μιάσματα μηδ᾽ ἀσεβήματα γίγνηται ἐν τοῖς ἱεροῖς, ἱκανὸν φόβον ταῖς γυναιξὶ παρασκευάζων τοῦ σωφρονεῖν καὶ μηδὲν ἁμαρτάνειν, ἀλλὰ δικαίως οἰκουρεῖν, διδάσκων ὡς, ἄν τι ἁμάρτῃ τοιοῦτον, ἅμα ἐκ τε τῆς οἰκίας τοῦ ἀνδρὸς ἐκβεβλημένη ἔσται καὶ ἐκ τῶν ἱερῶν τῶν τῆς πόλεως.

87 καὶ ὅτι ταῦτα οὕτως ἔχει, τοῦ νόμου αὐτοῦ ἀκούσαντες ἀναγνωσθέντος εἴσεσθε. καί μοι λαβέ.

ΝΟΜΟΣ ΜΟΙΧΕΙΑΣ

ἐπειδὰν δὲ ἕλῃ τὸν μοιχόν, μὴ ἐξέστω τῷ ἑλόντι συνοικεῖν τῇ γυναικί· ἐὰν δὲ συνοικῇ, ἄτιμος ἔστω. μηδὲ τῇ γυναικὶ ἐξέστω εἰσιέναι εἰς τὰ ἱερὰ τὰ δημοτελῆ, ἐφ᾽ ᾗ ἂν μοιχὸς ἁλῷ· ἐὰν δ᾽ εἰσίῃ, νηποινεὶ πασχέτω ὅ τι ἂν πάσχῃ, πλὴν θανάτου.

88 βούλομαι τοίνυν ὑμῖν, ὦ ἄνδρες Ἀθηναῖοι, καὶ τοῦ δήμου τοῦ Ἀθηναίων μαρτυρίαν παρασχέσθαι, ὡς σπουδάζει περὶ τὰ ἱερὰ ταῦτα καὶ ὡς πολλὴν πρόνοιαν περὶ αὐτῶν πεποίηται. ὁ γὰρ δῆμος ὁ Ἀθηναίων κυριώτατος ὢν τῶν ἐν τῇ πόλει ἁπάντων, καὶ ἐξὸν αὐτῷ ποιεῖν ὅ τι ἂν βούληται, οὕτω καλὸν καὶ σεμνὸν ἡγήσατ᾽ εἶναι δῶρον τὸ Ἀθηναῖον γενέσθαι, ὥστε νόμους ἔθετο αὑτῷ καθ᾽ οὓς ποιεῖσθαι δεῖ, ἐάν τινα βούλωνται, πολίτην, οἳ νῦν προπεπηλακισμένοι εἰσὶν ὑπὸ Στεφάνου τουτουὶ καὶ τῶν οὕτω γεγαμηκότων.

außer Tötung – zugefügt wird[Z], das Recht der Privatklage (*dike*)[V] genommen, um zu bewirken, daß es keine Unreinheiten (*miasmata*) und keine Frevel (*asebemata*)[K] bei den heiligen Handlungen gebe und den Frauen gehörige Furcht eingeflößt werde, um sie zu besonnenem Verhalten und zur Vermeidung von Verfehlungen, vielmehr zum gerechten Hüten des Hauses zu bewegen, daß sie, wenn sie sich etwas von dieser Art zuschulden kommen ließen, zugleich aus dem Haus des Mannes verstoßen[I] und auch von den Heiligtümern des Staates ausgeschlossen würden.

87 Daß sich dies wirklich so verhält, werdet ihr auch aus der Anhörung des Gesetzes selbst entnehmen, das vorgelesen werden soll. Bring es mir.

Gesetz[N] über *moicheia*[J]

Wenn jemand als *moichos*[J] ertappt wird, so soll es dem, der ihn ertappt, nicht mehr gestattet sein, mit der Frau in Ehegemeinschaft zu leben. Tut er dies aber, so soll er seine bürgerlichen Rechte verlieren (*atimia*)[Z]. Es soll auch der Frau, bei der ein *moichos* angetroffen wird, nicht gestattet sein, in die öffentlichen Heiligtümer einzutreten. Betritt sie sie aber dennoch, so soll sie jeder Art von Mißhandlung ohne Straffolgen ausgesetzt sein[Z] außer der Tötung.

88 Ich will euch nun, Männer von Athen, auch ein Zeugnis in Sachen des athenischen Volkes dafür beibringen, mit welchem Ernst es die Heiligtümer behandelt und mit wieviel Vorbedacht (*pronoia*) es für sie Sorge trägt. Das Volk der Athener, das doch die vollkommene Macht über alles hat (*kyriotatos*)[D], was es im Staat gibt, so daß es ihm freisteht zu tun, was es will, hat das Geschenk, ein Athener zu werden, für etwas so Herrliches und Ehrenwertes angesehen, daß es sich selbst Gesetze gab, nach denen man handeln solle, wenn man jemanden zu einem Bürger machen wolle[F]. Diese Gesetze sind es eben, die von diesem Stephanos hier mit Füßen getreten worden sind – und von denjenigen, die solche Eheverbindungen eingegangen sind.

89 ὅμως δ᾽ ἀκούοντες αὐτῶν βελτίους ἔσεσθε, καὶ τὰ κάλλιστα καὶ τὰ σεμνότατα δῶρα τοῖς εὐεργετοῦσι τὴν πόλιν διδόμενα γνώσεσθε ὡς λελυμασμένοι εἰσίν. πρῶτον μὲν γὰρ νόμος ἐστὶ τῷ δήμῳ κείμενος μὴ ἐξεῖναι ποιήσασθαι Ἀθηναῖον, ὃν ἂν μὴ δι᾽ ἀνδραγαθίαν εἰς τὸν δῆμον τὸν Ἀθηναίων ἄξιον ᾖ γενέσθαι πολίτην. ἔπειτ᾽ ἐπειδὰν πεισθῇ ὁ δῆμος καὶ δῷ τὴν δωρεάν, οὐκ ἐᾷ κυρίαν γενέσθαι τὴν ποίησιν, ἐὰν μὴ τῇ ψήφῳ εἰς τὴν ἐπιοῦσαν ἐκκλησίαν ὑπερεξακισχίλιοι Ἀθηναίων ψηφίσωνται κρύβδην ψηφιζόμενοι.

90 τοὺς δὲ πρυτάνεις κελεύει τιθέναι τοὺς καδίσκους ὁ νόμος καὶ τὴν ψῆφον διδόναι προσιόντι τῷ δήμῳ πρὶν τοὺς ξένους εἰσιέναι καὶ τὰ γέρρα ἀναιρεῖν, ἵνα κύριος ὢν αὐτὸς αὑτοῦ ἕκαστος σκοπῆται πρὸς αὑτὸν ὅντινα μέλλει πολίτην ποιήσεσθαι, εἰ ἄξιός ἐστι τῆς δωρεᾶς ὁ μέλλων λήψεσθαι. ἔπειτα μετὰ ταῦτα παρανόμων γραφὴν ἐποίησε κατ᾽ αὐτοῦ τῷ βουλομένῳ Ἀθηναίων, καὶ ἔστιν εἰσελθόντα εἰς τὸ δικαστήριον ἐξελέγξαι ὡς οὐκ ἄξιός ἐστι τῆς δωρεᾶς, ἀλλὰ παρὰ τοὺς νόμους Ἀθηναῖος γέγονεν.

91 καὶ ἤδη τισὶ τοῦ δήμου δόντος τὴν δωρεάν, λόγῳ ἐξαπατηθέντος ὑπὸ τῶν αἰτούντων, παρανόμων γραφῆς γενομένης καὶ εἰσελθούσης εἰς τὸ δικαστήριον, ἐξελεγχθῆναι συνέβη τὸν εἰληφότα τὴν δωρεὰν μὴ ἄξιον εἶναι αὐτῆς, καὶ ἀφείλετο τὸ δικαστήριον. καὶ τοὺς μὲν πολλοὺς καὶ παλαιοὺς ἔργον διηγήσασθαι· ἃ δὲ πάντες μνημονεύετε, Πειθόλαν τε τὸν Θετταλὸν

89 Doch es wird besser sein, wenn ihr diese Gesetze selbst hört, damit ihr erkennt, daß jene Leute die schönsten und ehrenwertesten Geschenke entweiht haben, die man eigentlich den Wohltätern (*euergetai*)^F des Staats zu machen pflegt. Zuerst nämlich ist vom Volk ein Gesetz gegeben worden, daß es nicht gestattet sein solle, jemanden zum Athener zu machen, wenn er nicht durch rechtschaffenes Verhalten (*andragathia*) gegenüber dem athenischen Volk sich würdig erwiesen habe, Bürger zu werden. Wenn das Volk sonst dazu bewogen wird, jemandem dieses Geschenk zu machen, so läßt das Gesetz dieser Erteilung keine Wirkungsmacht (*kyrios*)^E, wenn dies nicht in der nächsten Volksversammlung mehr als 6000 Athener durch geheime Abstimmung (*psephos*)^N bestätigen.^{F}

90 Den Prytanen^P ferner befiehlt das Gesetz, die Gefäße, in welche die Stimmtäfelchen (*psephos*) geworfen werden, hinzustellen und dem Volk, das (auf der Pnyx)^A eintrifft, die Stimmtäfelchen auszuhändigen, bevor die Fremden herbeikommen und die Absperrungen (*gerrha*)^A entfernt werden, damit jeder für sich selbst die Macht habe (*kyrios*)^E und ungestört überlegen könne, wen er zum Bürger machen wolle und ob derjenige, der dieses Geschenk erhalten soll, dessen würdig sei. Sodann hat das Gesetz jedem Athener, der will,^{U} die Befugnis erteilt, eine Schriftklage wegen eines gesetzwidrigen Antrags (*graphe paranomon*)^V dagegen anzustrengen, und es ist möglich, daß jeder vor Gericht auftreten und nachweisen kann, daß der Betreffende des Geschenks^F nicht würdig sei, sondern daß er den Gesetzen zuwider zum Athener gemacht worden sei.

91 Schon mehrmals ist es auch wirklich geschehen, daß – nachdem das Volk bereits, durch die Reden der Fürbittenden bewogen, das Geschenk^F gemacht hatte – durch eine dagegen erhobene Schriftklage wegen eines gesetzwidrigen Antrags (*graphe paranomon*)^V vor Gericht dargelegt wurde, daß der Empfänger des Geschenks^F dessen nicht würdig sei, weshalb ihm das Gericht es dann auch wieder entzog. Viele ältere Beispiele dieser Art zu erwähnen würde zu weit führen; doch woran ihr alle euch erinnert: Peitholas aus Thessalien$^\square$ und

καὶ Ἀπολλωνίδην τὸν Ὀλύνθιον πολίτας ὑπὸ τοῦ δήμου γενομένους ἀφείλετο τὸ δικαστήριον·

92 ταῦτα γὰρ οὐ πάλαι ἐστὶ γεγενημένα ὥστε ἀγνοεῖν ὑμᾶς. οὕτως τοίνυν καλῶς καὶ ἰσχυρῶς τῶν νόμων κειμένων ὑπὲρ τῆς πολιτείας, δι' ὧν δεῖ Ἀθηναῖον γενέσθαι, ἕτερός ἐστιν ἐφ' ἅπασι τούτοις κυριώτατος νόμος κείμενος· οὕτω πολλὴν ὁ δῆμος πρόνοιαν ἐποιεῖτο ὑπὲρ αὑτοῦ καὶ τῶν θεῶν ὥστε δι' εὐσεβείας τὰ ἱερὰ θύεσθαι ὑπὲρ τῆς πόλεως. ὅσους γὰρ ἂν ποιήσηται ὁ δῆμος ὁ Ἀθηναίων πολίτας, ὁ νόμος ἀπαγορεύει διαρρήδην μὴ ἐξεῖναι αὐτοῖς τῶν ἐννέα ἀρχόντων γενέσθαι, μηδὲ ἱερωσύνης μηδεμιᾶς μετασχεῖν· τοῖς δ' ἐκ τούτων μετέδωκεν ἤδη ὁ δῆμος ἁπάντων, καὶ προσέθηκεν "ἐὰν ὦσιν ἐκ γυναικὸς ἀστῆς καὶ ἐγγυητῆς κατὰ τὸν νόμον."

93 καὶ ὅτι ταῦτ' ἀληθῆ λέγω, μεγάλη καὶ περιφανεῖ μαρτυρίᾳ ἐγὼ ὑμῖν δηλώσω. βούλομαι δ' ὑμῖν τὸν νόμον πόρρωθεν προδιηγήσασθαι, ὡς ἐτέθη καὶ πρὸς οὓς διωρίσθη, ὡς ἄνδρας ἀγαθοὺς ὄντας καὶ βεβαίους φίλους περὶ τὸν δῆμον γεγονότας. ἐκ τούτων γὰρ ἁπάντων εἴσεσθε τήν τε τοῦ δήμου δωρεὰν τὴν ἀπόθετον τοῖς εὐεργέταις προπηλακιζομένην, καὶ ὅσων ὑμᾶς ἀγαθῶν κωλύουσι κυρίους εἶναι Στέφανός τε οὑτοσὶ καὶ οἱ τὸν αὐτὸν τρόπον τούτῳ γεγαμηκότες καὶ παιδοποιούμενοι.

94 Πλαταιῆς γάρ, ὦ ἄνδρες Ἀθηναῖοι, μόνοι τῶν Ἑλλήνων ὑμῖν ἐβοήθησαν Μαραθῶνάδε, ὅτε Δᾶτις ὁ βασιλέως Δαρείου στρατηγὸς ἀναχωρῶν ἐξ Ἐρετρίας Εὔβοιαν ὑφ' ἑαυτῷ ποιησάμενος, ἀπέβη εἰς τὴν χώραν πολλῇ δυνάμει καὶ ἐπόρθει.

Apollonides aus Olynthos□ bekamen, nachdem sie vom Volk
zu Bürgern gemacht worden waren, es (das Bürgerrecht)
vom Gerichtshof wieder abgenommen,

92 was ja auch vor gar nicht langer Zeit vorgefallen ist, weshalb
ihr es wohl noch wissen könnt. Indem nun die Staatsverfas-
sung diese schönen und strengen Gesetze zu ihrem Schutz
besitzt, nach denen man Athener wird, so ist doch auch
neben diesen Gesetzen noch ein anderes festgelegt und von
vollkommener Macht (*kyriotatos*)□. So großen Vorbedacht
(*pronoia*) wandte das Volk für sich selbst und für die Götter
auf, damit die heiligen Gebräuche und Opfer für den Staat
mit gebührender Pietät (*eusebeia*)^K verrichtet würden. Das
Gesetz verbietet nämlich ausdrücklich, alle diejenigen, die
vom athenischen Volk zu Bürgern gemacht werden, unter
die Neun Archonten^Q aufzunehmen und ihnen irgendein
Priesteramt zu übertragen. Den Nachkommen dieser Leute
aber hat das Volk alle Rechte verliehen, und fügt hinzu:
"wenn sie von einer Bürgerin abstammen, die eine gesetzliche Ehe geschlossen hat."

93 Dafür, daß ich auch hiermit die Wahrheit sage, will ich euch
ein vollgültiges und deutliches Zeugnis dartun. Ich will aber
zuvor auf den Ursprung des Gesetzes zurückkommen und
euch zeigen, wie es gegeben wurde und auf welche recht-
schaffenen Männer (*andres agathoi*), die dem Volk beständige
Freunde waren, sich seine Bestimmungen bezogen. Aus alle-
dem werdet ihr nämlich erkennen, daß dieses Geschenk^F des
Volks, das eigentlich für Wohltäter (*euergetai*)^F des Staates
bestimmt ist, herabgewürdigt wurde, und wie wichtig die Gü-
ter sind, deren Herren (*kyrioi*)^E zu sein euch dieser Stephanos
hier und diejenigen hindern, die auf dieselbe Weise wie er
sich verheiratet und Kinder gemacht haben.

94 Die Plataier□ waren ja die einzigen, die uns bei Marathon^B
(490 v.Chr.) zu Hilfe kamen, als Datis, der Feldherr des (Per-
ser-)Königs Dareios, von Eretria□ herübergekommen war,
sich Euboia□ unterworfen hatte und nun mit ungeheurer
Heeresmacht alles verwüstend in unser Gebiet eindrang.^B

καὶ ἔτι καὶ νῦν τῆς ἀνδραγαθίας αὐτῶν ὑπομνήματα ‹ἦ› ἐν τῇ ποικίλῃ στοᾷ γραφῇ δεδήλωκεν· ὡς ἕκαστος γὰρ τάχους εἶχεν, εὐθὺς προσβοηθῶν γέγραπται, οἱ τὰς κυνᾶς τὰς Βοιωτίας ἔχοντες.

95 πάλιν δὲ Ξέρξου ἰόντος ἐπὶ τὴν Ἑλλάδα, Θηβαίων μηδισάντων, οὐκ ἐτόλμησαν ἀποστῆναι τῆς ὑμετέρας φιλίας, ἀλλὰ μόνοι τῶν ἄλλων Βοιωτῶν οἱ μὲν ἡμίσεις αὐτῶν μετὰ Λακεδαιμονίων καὶ Λεωνίδου ἐν Θερμοπύλαις παραταξάμενοι τῷ βαρβάρῳ ἐπιόντι συναπώλοντο, οἱ δὲ λοιποὶ ἐμβάντες εἰς τὰς ὑμετέρας τριήρεις, ἐπειδὴ αὐτοῖς οἰκεῖα σκάφη οὐχ ὑπῆρχεν, συνεναυμάχουν ὑμῖν ἐπί τε Ἀρτεμισίῳ καὶ ἐν Σαλαμῖνι,

96 καὶ τὴν τελευταίαν μάχην Πλαταιᾶσι Μαρδονίῳ τῷ βασιλέως στρατηγῷ μεθ᾽ ὑμῶν καὶ τῶν συνελευθερούντων τὴν Ἑλλάδα μαχεσάμενοι, εἰς κοινὸν τὴν ἐλευθερίαν τοῖς ἄλλοις Ἕλλησι κατέθηκαν. ἐπεὶ δὲ Παυσανίας ὁ Λακεδαιμονίων βασιλεὺς ὑβρίζειν ἐνεχείρει ὑμᾶς καὶ οὐκ ἠγάπα ὅτι τῆς ἡγεμονίας μόνοι ἠξιώθησαν Λακεδαιμόνιοι ὑπὸ τῶν Ἑλλήνων — καὶ ἡ πόλις τῇ μὲν ἀληθείᾳ ἡγεῖτο τῆς ἐλευθερίας τοῖς Ἕλλησιν, τῇ δὲ φιλοτιμίᾳ οὐκ ἠναντιοῦτο τοῖς Λακεδαιμονίοις, ἵνα μὴ φθονηθῶσιν ὑπὸ τῶν συμμάχων —

97 ἐφ᾽ οἷς φυσηθεὶς Παυσανίας ὁ τῶν Λακεδαιμονίων βασιλεὺς ἐπέγραψεν ἐπὶ τὸν τρίποδα ‹τὸν› ἐν Δελφοῖς, ὃν οἱ Ἕλληνες οἱ συμμαχεσάμενοι τὴν Πλαταιᾶσι μάχην καὶ τὴν ἐν Σαλαμῖνι ναυμαχίαν ναυμαχήσαντες κοινῇ ποιησάμενοι ἀνέθηκαν ἀριστεῖον τῷ Ἀπόλλωνι ἀπὸ τῶν βαρβάρων,

"Ἑλλήνων ἀρχηγός, ἐπεὶ στρατὸν ὤλεσε Μήδων,
Παυσανίας Φοίβῳ μνῆμ᾽ ἀνέθηκε τόδε." —

Heute noch stellt das Gemälde in der *Stoa Poikile*^A ein Denkmal ihrer Rechtschaffenheit (*andragathia*) dar. Es ist nämlich auf dem Gemälde ausgedrückt, wie sie sich allesamt mit ihren boiotischen[□] Helmen beeilten, so schnell wie möglich zu Hilfe herbeizukommen.

95 Als dann wiederum (480 v.Chr.) Xerxes gegen Griechenland zog^B und die Thebaner[□] es mit den Medern (= Persern) hielten, mochten diese (Plataier[□]) sich auch nicht entschließen, von der Freundschaft mit uns abzufallen, sondern stellten sich als einzige von allen Boiotern[□] dem anstürmenden Barbaren entgegen, kämpften und fielen teils neben den Spartanern[□] und Leonidas bei Thermopylai[□], teils nahmen sie auf euren Triëren, weil sie keine eigenen Schiffe hatten, bei Artemision[□] und bei Salamis[□] mit euch an der Seeschlacht teil,^B

96 und dadurch, daß sie in der letzten Schlacht bei Plataiai[□] (479 v.Chr.) gegen Mardonios, den Feldherrn des (Perser-)Königs, mitkämpften, haben sie gemeinsam mit euch und den übrigen Befreiern Griechenlands geholfen, die Freiheit als Gemeingut den übrigen Griechen zu bewahren.^B Als aber Pausanias, der König^B der Spartaner[□], euch mit Dreistigkeit zu behandeln wagte und nicht damit zufrieden war, daß von den Griechen nur den Spartanern[□] die Ehre der Anführerschaft (*hegemonia*) zuteil wurde – während in Wahrheit doch die Stadt (Athen) für die Griechen die Anführerin zur Befreiung war, ohne sich jedoch den Spartanern[□] im Bestreben um den Vorrang entgegenzustellen, um von ihren Bundesgenossen nicht beneidet zu werden –,^B (sondern diese Führungsrolle Spartas auch öffentlich gerühmt sehen wollte),

97 da schrieb, darüber aufgeblasen, Pausanias, der König der Spartaner[□], auf den Dreifuß in Delphi^{□M}, den die Griechen, die bei der Landschlacht von Plataiai[□] und der Seeschlacht von Salamis mitgekämpft hatten, gemeinsam dem Apollon als Siegeszeichen über die Barbaren weihten:

> "Der Griechen Oberbefehlshaber, nachdem er die Heere der Meder (= Perser) vernichtet hatte,
> Pausanias, weihte dem Phoibos (Apollon) dieses Denkmal." –

ὡς αὐτοῦ τοῦ ἔργου ὄντος καὶ τοῦ ἀναθήματος, ἀλλ᾿ οὐ κοινοῦ τῶν συμμάχων·

98 ὀργισθέντων δὲ τῶν Ἑλλήνων, οἱ Πλαταιεῖς λαγχάνουσι δίκην τοῖς Λακεδαιμονίοις εἰς τοὺς Ἀμφικτύονας χιλίων ταλάντων ὑπὲρ τῶν συμμάχων, καὶ ἠνάγκασαν αὐτοὺς ἐκκολάψαντας τὰ ἐλεγεῖα ἐπιγράψαι τὰς πόλεις τὰς κοινωνούσας τοῦ ἔργου. δι᾿ ὅπερ αὐτοῖς οὐχ ἥκιστα παρηκολούθει ἡ ἔχθρα ‹ἡ› παρὰ Λακεδαιμονίων καὶ ἐκ τοῦ γένους τοῦ βασιλείου. καὶ ἐν μὲν τῷ παρόντι οὐκ εἶχον αὐτοῖς ὅ τι χρήσωνται οἱ Λακεδαιμόνιοι, ὕστερον δὲ ὡς πεντήκοντα ἔτεσιν Ἀρχίδαμος ὁ Ζευξιδάμου Λακεδαιμονίων βασιλεὺς εἰρήνης οὔσης ἐνεχείρησεν αὐτῶν καταλαβεῖν τὴν πόλιν.

99 ἔπραξε δὲ ταῦτ᾿ ἐκ Θηβῶν δι᾿ Εὐρυμάχου τοῦ Λεοντιάδου βοιωταρχοῦντος, ἀνοιξάντων τὰς πύλας τῆς νυκτὸς Ναυκλείδου καὶ ἄλλων τινῶν μετ᾿ αὐτοῦ, πεισθέντων χρήμασιν. αἰσθόμενοι δ᾿ οἱ Πλαταιεῖς ἔνδον ὄντας τοὺς Θηβαίους τῆς νυκτὸς καὶ ἐξαπίνης αὐτῶν τὴν πόλιν ἐν εἰρήνῃ κατειλημμένην, προσεβοήθουν καὶ αὐτοὶ καὶ συνετάττοντο. καὶ ἐπειδὴ ἡμέρα ἐγένετο καὶ εἶδον οὐ πολλοὺς ὄντας τοὺς Θηβαίους, ἀλλὰ τοὺς πρώτους αὐτῶν εἰσεληλυθότας – ὕδωρ γὰρ γενόμενον τῆς νυκτὸς πολὺ ἐκώλυσεν αὐτοὺς πάντας εἰσελθεῖν· ὁ γὰρ Ἀσωπὸς ποταμὸς μέγας ἐρρύη καὶ διαβῆναι οὐ ῥᾴδιον ἦν, ἄλλως τε καὶ νυκτός –,

100 ὡς οὖν εἶδον οἱ Πλαταιεῖς τοὺς Θηβαίους ἐν τῇ πόλει καὶ ἔγνωσαν ὅτι οὐ πάντες πάρεισιν, ἐπιτίθενται καὶ εἰς μάχην ἐλθόντες κρατοῦσι καὶ φθάνουσιν ἀπολέσαντες αὐτοὺς πρὶν τοὺς ἄλλους προσβοηθῆσαι, καὶ ὡς ὑμᾶς πέμπουσιν εὐθὺς ἄγγελον τήν τε πρᾶξιν φράσοντα καὶ τὴν μάχην δηλώσοντα ὅτι νικῶσι, καὶ βοηθεῖν ἀξιοῦντες, ἂν οἱ Θηβαῖοι τὴν χώραν αὐτῶν δῃῶσιν.

als ob diese Tat von ihm allein vollbracht worden wäre und das Weihgeschenk von ihm und nicht von der Gesamtheit der Bundesgenossen gestiftet wäre.[B]

98 Als nun die Griechen hierüber zornig waren, erhoben die Plataier[□] für die Bundesgenossen eine Klage (*dike*)[V] bei den Amphiktyonen[M] gegen die Spartaner[□] auf die Summe von 1000 Talenten[S] und zwangen sie, diese Verse ausmeißeln zu lassen und statt dessen die Namen der Städte einzutragen, die an dem Werk teilgenommen hatten. Deshalb folgte für sie dann die große Feindschaft der Spartaner[□] und insbesondere des königlichen Genos[H]. Obgleich nun die Spartaner[□] in der damaligen Zeit nichts hatten, was sie (gegen die Plataier) benutzen konnten, unternahm es doch etwa fünfzig Jahre später (431/30 v.Chr.) Archidamos, Sohn des Zeuxidamos und König[B] der Spartaner[□], mitten im Frieden ihre Stadt einzunehmen.[C]

99 Er suchte dies von Theben[□] aus zu bewerkstelligen, und zwar durch Eurymachos, Sohn des Leontiades, der ein *boiotarchos*[C] war, indem Naukleides mit einigen anderen, die mit Geld dazu bewogen worden waren, nachts die Tore öffnete. Als aber die Plataier[□] bemerkten, daß die Thebaner[□] mitten im Frieden nachts plötzlich durch Überfall in ihre Stadt eingedrungen waren, eilten sie herbei und stellten sich ihnen gemeinsam entgegen. Sowie es Tag geworden war und die Plataier[□] sahen, daß die Thebaner[□] nicht viele waren und daß sich nur die Vortruppen in der Stadt befanden – heftiger Regen war in der Nacht gefallen und hatte verhindert, daß sie alle eindrangen, denn der Fluß Asopos[C] war weit über die Ufer getreten, eine Überquerung war nicht einfach, außerdem war es Nacht –,

100 als nun also die Plataier[□] die Thebaner[□] in der Stadt sahen und bemerkten, daß nicht schon das ganze Heer eingedrungen war, griffen sie die Thebaner[□] an, überwältigten sie in einer Schlacht und schlugen sie völlig, noch bevor die anderen zu Hilfe herbeikommen konnten. Zugleich schickten sie sofort einen Boten an euch (Athener) mit der Nachricht von dem Vorfall und vom Sieg in der Schlacht, verlangten aber Hilfe, falls die Thebaner[□] ihr Land verwüsten würden.

ἀκούσαντες δὲ οἱ Ἀθηναῖοι τὰ γεγονότα διὰ τάχους ἐβοήθουν
εἰς τὰς Πλαταιάς· καὶ οἱ Θηβαῖοι ὡς ἑώρων τοὺς Ἀθηναίους
βεβοηθηκότας τοῖς Πλαταιεῦσιν, ἀνεχώρησαν ἐπ᾽ οἴκου.

101 ὡς οὖν ἀπέτυχον οἱ Θηβαῖοι τῆς πείρας καὶ οἱ Πλαταιεῖς τοὺς
ἄνδρας οὓς ἔλαβον αὐτῶν ἐν τῇ μάχῃ ζῶντας, ἀπέκτειναν,
ὀργισθέντες οἱ Λακεδαιμόνιοι ἀπροφασίστως ἤδη στρατεύουσιν
ἐπὶ τὰς Πλαταιάς, Πελοποννησίοις μὲν ἅπασι πλὴν Ἀργείων τὰ
δύο μέρη τῆς στρατιᾶς ἀπὸ τῶν πόλεων ἑκάστων πέμπειν ἐπι-
τάξαντες, Βοιωτοῖς δὲ τοῖς ἄλλοις ἅπασι καὶ Λοκροῖς καὶ Φω-
κεῦσι καὶ Μαλιεῦσι καὶ Οἰταίοις καὶ Λινιθσιν πανδημεὶ ἐπαγγεί-
λαντες στρατεύειν.

102 καὶ περικαθεζόμενοι αὐτῶν τὸ τεῖχος πολλῇ δυνάμει ἐπηγγέλ-
λοντο, εἰ βούλοιντο τὴν μὲν πόλιν αὐτοῖς παραδοῦναι, τὴν δὲ
χώραν ἔχειν καὶ καρποῦσθαι τὰ αὐτῶν, ἀφίστασθαι δὲ τῆς Ἀθηναίων συμμαχίας. οὐκ ἐθελησάντων δὲ τῶν Πλαταιέων, ἀλλ᾽
ἀποκριναμένων ὅτι ἄνευ Ἀθηναίων οὐδὲν ἂν πράξειαν, ἐπολιόρ-
κουν αὐτοὺς διπλῷ τείχει περιτειχίσαντες δέκα ἔτη, πολλὰς καὶ
παντοδαπὰς πείρας προσάγοντες.

103 ἐπεὶ δ᾽ ἀπειρήκεσαν οἱ Πλαταιεῖς καὶ ἐνδεεῖς ἦσαν ἁπάντων καὶ
ἠποροῦντο τῆς σωτηρίας, διακληρωσάμενοι πρὸς σφᾶς αὐτοὺς
οἱ μὲν ὑπομείναντες ἐπολιορκοῦντο, οἱ δὲ τηρήσαντες νύκτα
καὶ ὕδωρ καὶ ἄνεμον πολύν, ἐξελθόντες ἐκ τῆς πόλεως καὶ
ὑπερβάντες τὸ περιτείχισμα τῶν πολεμίων λαθόντες τὴν στρα-
τιάν, ἀποσφάξαντες τοὺς φύλακας διασῴζονται δεῦρο, δεινῶς
διακείμενοι καὶ ἀπροσδοκήτως· οἱ δ᾽ ὑπομείναντες αὐτῶν
ἁλούσης τῆς πόλεως κατὰ κράτος ἀπεσφάγησαν πάντες οἱ
ἡβῶντες, παῖδες δὲ καὶ γυναῖκες ἐξηνδραποδίσθησαν, ὅσοι

Nachdem die Athener dies gehört hatten, rückten sie schnell nach Plataiai□ zu Hilfe aus, und als die Thebaner□ bemerkten, daß die Athener den Plataiern□ zu Hilfe gekommen waren, traten sie den Rückzug nach Hause an.[C]

101 Da nun den Thebanern□ ihr Versuch mißglückt war und da die Plataier□ die Männer, die sie von jenen in der Schlacht lebendig gefangengenommen hatten, töteten, wurden die Spartaner□ sehr zornig und unternahmen ohne jede Vorwarnung einen Feldzug gegen die Plataier, wobei sie allen Peloponnesiern□ außer den Leuten von Argos□ befahlen, je zwei Drittel ihrer Truppen aus allen ihren Einzelstaaten zu senden; die übrigen Boioter□ aber und die Lokrer□, Phoker□, Malier□, Oitaier□ und Ainianer□ forderten sie auf, mit allen Männern ins Feld zu ziehen.[C]

102 Als sie nun die Stadtmauer (von Plataiai□) umringten und mit großer Kriegsmacht angriffen, ließen sie (den Plataiern) den Vorschlag unterbreiten, ihre Stadt unter der Bedingung zu übergeben, zwar ihr Gebiet auch weiterhin zu bewahren und für sich zu benutzen, doch sich vom Bündnis mit den Athenern zu trennen. Die Plataier wollten dies nicht und antworteten, daß sie nichts ohne die Athener tun wollten, worauf sie dann belagert wurden, indem die Feinde sie zehn Jahre lang durch eine doppelte Mauer einschlossen und diese Belagerung mit häufigen und vielfachen Angriffen gegen die Stadt fortsetzten.[C]

103 Als aber die Plataier□ schließlich ihrer Not überdrüssig wurden, durch den Mangel an allem sehr litten und an ihrer Rettung zweifelten, warfen sie untereinander das Los und wählten so diejenigen aus, die zurückbleiben und weiterhin die Belagerung aushalten sollten, während die anderen in der Nacht und bei einem heftigen Regen und Sturm aus der Stadt entkommen sollten, indem sie Befestigungen der Feinde überstiegen, die feindlichen Wachen niederhieben und sich hierher (nach Athen)[A] retteten, wo sie in einem unerhörten Zustand und ganz unerwartet ankamen. Von denen, die in der Stadt zurückgeblieben waren, wurden bei der Eroberung der Stadt durch die Feinde alle erwachsenen Männer niedergehauen und die Kinder und Frauen versklavt, sofern sie nicht die Ankunft der Spartaner□ zur Belagerung vor-

μὴ αἰσθόμενοι ἐπιόντας τοὺς Λακεδαιμονίους ὑπεξῆλθον Ἀθήναζε.

104 τοῖς οὖν οὕτω φανερῶς ἐνδεδειγμένοις τὴν εὔνοιαν τῷ δήμῳ, καὶ προεμένοις ἅπαντα τὰ αὑτῶν καὶ παῖδας καὶ γυναῖκας, πάλιν σκοπεῖτε πῶς μετέδοτε τῆς πολιτείας. ἐκ γὰρ τῶν ψηφισμάτων τῶν ὑμετέρων καταφανὴς πᾶσιν ἔσται ὁ νόμος, καὶ γνώσεσθ᾽ ὅτι ἀληθῆ λέγω. καί μοι λαβὲ τὸ ψήφισμα τοῦτο καὶ ἀνάγνωθι αὐτοῖς.

ΨΗΦΙΣΜΑ ΠΕΡΙ ΠΛΑΤΑΙΕΩΝ

Ἱπποκράτης εἶπεν, Πλαταιέας εἶναι Ἀθηναίους ἀπὸ τῆσδε τῆς ἡμέρας, ἐπιτίμους καθάπερ οἱ ἄλλοι Ἀθηναῖοι, καὶ μετεῖναι αὐτοῖς ὧνπερ Ἀθηναίοις μέτεστι πάντων, καὶ ἱερῶν καὶ ὁσίων, πλὴν εἴ τις ἱερωσύνη ἢ τελετή ἐστιν ἐκ γένους, μηδὲ τῶν ἐννέα ἀρχόντων, τοῖς δ᾽ ἐκ τούτων. κατανεῖμαι δὲ τοὺς Πλαταιέας εἰς τοὺς δήμους καὶ τὰς φυλάς. ἐπειδὰν δὲ νεμηθῶσι, μὴ ἐξέστω ἔτι Ἀθηναίῳ μηδενὶ γίγνεσθαι Πλαταιέων, μὴ εὑρομένῳ παρὰ τοῦ δήμου τοῦ Ἀθηναίων.

105 ὁρᾶτε, ὦ ἄνδρες Ἀθηναῖοι, ὡς καλῶς καὶ δικαίως ἔγραψεν ὁ ῥήτωρ ὑπὲρ τοῦ δήμου τοῦ Ἀθηναίων, καὶ ἠξίωσε τοὺς Πλαταιέας λαμβάνοντας τὴν δωρεὰν πρῶτον μὲν δοκιμασθῆναι ἐν τῷ δικαστηρίῳ κατ᾽ ἄνδρα ἕκαστον, εἰ ἔστιν Πλαταιεὺς καὶ εἰ τῶν φίλων τῶν τῆς πόλεως, ἵνα μὴ ἐπὶ ταύτῃ τῇ προφάσει πολλοὶ μεταλάβωσι τῆς πολιτείας· ἔπειτα τοὺς δοκιμασθέντας ἀναγραφῆναι ἐν στήλῃ λιθίνῃ, καὶ στῆσαι ἐν ἀκροπόλει παρὰ τῇ θεῷ, ἵνα σώζηται ἡ δωρεὰ τοῖς ἐπιγιγνομένοις καὶ ᾖ ἐξελέγξαι ὅτου ἂν ἕκαστος ᾖ συγγενής.

hergesehen und sich noch rechtzeitig nach Athen begeben hatten.[C]

104   Seht nun einmal, auf welche Weise ihr diesen Leuten, die ihr Wohlwollen (*eunoia*)[F] gegen unser Volk so deutlich an den Tag gelegt und alles – sogar ihre Frauen und Kinder – aufgeopfert hatten, Anteil am Bürgerrecht erteilt habt. Aus euren Beschlüssen (*psephismata*)[N] ist das Gesetz allbekannt, und ihr werdet erkennen, daß ich die Wahrheit sage. Hole mir diesen Beschluß und lies ihn ihnen vor!

Beschluß (*psephisma*)[N] über die Plataier[□]

Hippokrates stellte den Antrag: Die Plataier[□] sollen Athener sein von diesem Tag an, mit allen bürgerlichen Rechten (*epitimia*)[F] wie die anderen Athener, und ihnen soll die Teilhabe an allem zustehen, an dem die Athener teilhaben, auch an heiligen und geheiligten Dingen, außer wenn ein Priesteramt oder ein Opfer einem bestimmten Genos zusteht[B] und außer einem Amt unter den Neun Archonten[Q]; daran sollen erst ihre Nachkommen teilhaben. Man solle daher die Plataier[□] auf die Demen[G] und Phylen[G] verteilen. Wenn sie verteilt sind[H], soll kein Plataier[□] mehr Athener werden können, es sei denn, daß er dies vom Volk der Athener für sich erreicht hat.

105   Ihr seht, Männer von Athen, wie schön und gerecht sich jener Redner für das Volk der Athener in seinem Antrag ausgesprochen und wie er angeordnet hat, daß die Plataier[□], die jenes Geschenk erhalten werden, Mann für Mann die Überprüfung (*dokimasia*)[O] vor Gericht bestehen sollen, ob nämlich auch jeder ein Plataier[□] und einer von den Freunden des (athenischen) Staates sei, damit nicht etwa unter diesem Vorwand viele das Bürgerrecht annehmen; sodann, daß diejenigen, die bei der Überprüfung anerkannt worden sind, auf eine Marmorstele eingetragen werden, die auf der Akropolis bei der (Statue der) Göttin (Athene)[A] aufzustellen ist, damit dadurch dieses Geschenk[F] auch für die Nachkommen der Empfänger gesichert werde und damit man untersuchen könne, mit wem ein jeder durch Abstammung verwandt sei.

106 καὶ ὕστερον οὐκ ἐᾷ γίγνεσθαι Ἀθηναῖον ἐξεῖναι, ὃς ἂν μὴ νῦν γένηται καὶ δοκιμασθῇ ἐν τῷ δικαστηρίῳ, τοῦ μὴ πολλοὺς φάσκοντας Πλαταιέας εἶναι κατασκευάζειν αὑτοῖς πολιτείαν. ἔπειτα καὶ τὸν νόμον διωρίσατο ἐν τῷ ψηφίσματι πρὸς αὐτοὺς εὐθέως ὑπέρ τε τῆς πόλεως καὶ τῶν θεῶν, {καὶ} μὴ ἐξεῖναι αὐτῶν μηδενὶ τῶν ἐννέα ἀρχόντων λαχεῖν μηδὲ ἱερωσύνης μηδεμιᾶς, τοῖς δ' ἐκ τούτων, ἂν ὦσιν ἐξ ἀστῆς γυναικὸς καὶ ἐγγυητῆς κατὰ τὸν νόμον.

107 οὔκουν δεινόν; πρὸς μὲν τοὺς ἀστυγείτονας καὶ ὁμολογουμένως ἀρίστους τῶν Ἑλλήνων εἰς τὴν πόλιν γεγενημένους οὕτω καλῶς καὶ ἀκριβῶς διωρίσασθε περὶ ἑκάστου, ἐφ' οἷς δεῖ ἔχειν τὴν δωρεάν, τὴν δὲ περιφανῶς ἐν ἁπάσῃ τῇ Ἑλλάδι πεπορνευμένην οὕτως αἰσχρῶς καὶ ὀλιγώρως ἐάσετε ὑβρίζουσαν εἰς τὴν πόλιν καὶ ἀσεβοῦσαν εἰς τοὺς θεοὺς ἀτιμώρητον, ἣν οὔτε οἱ πρόγονοι ἀστὴν κατέλιπον οὔθ' ὁ δῆμος πολῖτιν ἐποιήσατο;

108 ποῦ γὰρ αὕτη οὐκ εἴργασται τῷ σώματι, ἢ ποῖ οὐκ ἐλήλυθεν ἐπὶ τῷ καθ' ἡμέραν μισθῷ; οὐκ ἐν Πελοποννήσῳ μὲν πάσῃ, ἐν Θετταλίᾳ δὲ καὶ Μαγνησίᾳ μετὰ Σίμου τοῦ Λαρισαίου καὶ Εὐρυδάμαντος τοῦ Μηδείου, ἐν Χίῳ δὲ καὶ ἐν Ἰωνίᾳ τῇ πλείστῃ μετὰ Σωτάδου τοῦ Κρητὸς ἀκολουθοῦσα, μισθωθεῖσα ὑπὸ τῆς Νικαρέτης, ὅτε ἔτι ἐκείνης ἦν; τὴν δὴ ὑφ' ἑτέροις οὖσαν καὶ ἀκολουθοῦσαν τῷ διδόντι τί οἴεσθε ποιεῖν; ἆρ' οὐχ ὑπηρετεῖν τοῖς χρωμένοις εἰς ἁπάσας ἡδονάς;

106 Sodann ließ er auch nicht zu, daß jemand ein Athener werde, der es nicht damals geworden und der nicht durch die Überprüfung (*dokimasia*)^O vor Gericht dazu befähigt worden war, damit nicht viele sich durch die falsche Angabe, sie seien Plataier$^\square$, das Bürgerrecht anmaßten. Dann teilte er auch sogleich in dem Beschluß (*psephisma*)^N das in Bezug auf solche Leute geltende Gesetz über den Staat und die Götter mit, demzufolge niemand von ihnen beim Auslosen der Neun Archonten^Q oder bei irgendeiner Priesterwürde zugelassen werden solle, wohl aber ihre Nachkommen, wenn sie von einer Bürgerin abstammten, die den Gesetzen gemäß verheiratet war.

107 Ist es nicht unerhört? In Bezug auf Nachbarn und Leute, die sich unbestritten um den Staat die größten Verdienste unter allen Griechen erworben hatten, habt ihr so schön und genau über jeden Einzelnen festgelegt, in welchen Fällen und unter welchen Bedingungen ihm dieses Geschenk^F zuteil werden durfte. Daß aber diese Frau, die so offenkundig in ganz Griechenland umhergehurt (*porne*) hat, die so schändlich und niederträchtig den Staat dreist verhöhnt und gegen die Götter frevelt (*asebeia*)^K, unbestraft bleibt, wolltet ihr zulassen – eine Frau, die weder von ihren Vorfahren als eine Bürgerin hinterlassen noch vom Volk zu einer Bürgerin gemacht worden ist?

108 Wo hat sie denn nicht mit ihrem Körper ein Gewerbe getrieben oder wohin ist sie nicht für täglichen Lohn gekommen? Hat sie nicht in dieser Art die ganze Peloponnes$^\square$ besucht, Thessalien$^\square$ und Magnesia$^\square$ mit Simos aus Larisa$^\square$ (in Thessalien; s. **24**) und mit Eurydamas, Sohn des Medeios? Und nicht auch Chios$^\square$ und den größten Teil Ioniens$^\square$ in Begleitung des Sotades aus Kreta$^\square$, vermietet^J von der Nikarete, als sie der noch gehörte? Wozu haltet ihr wohl aber eine Person für fähig, die sich anderen unterwirft und jedem folgt, der sie bezahlt? Meint ihr nicht, daß sie sich allen, die sie benutzen, zu Lust jeder Art hingibt?

εἶτα τὴν τοιαύτην καὶ περιφανῶς ἐγνωσμένην ὑπὸ πάντων ‹ἀπὸ τριῶν τρυπημάτων›* γῆς περίοδον εἰργασμένην ψηφιεῖσθε ἀστὴν εἶναι;

109. καὶ τί καλὸν φήσετε πρὸς τοὺς ἐρωτῶντας διαπεπρᾶχθαι, ἢ ποίᾳ αἰσχύνῃ καὶ ἀσεβείᾳ οὐκ ἔνοχοι αὐτοὶ εἶναι; πρὶν μὲν γὰρ γραφῆναι ταύτην καὶ εἰς ἀγῶνα καταστῆναι καὶ πυθέσθαι πάντας ἥτις ἦν καὶ οἷα ἠσέβηκεν, τὰ μὲν ἀδικήματα ταύτης ἦν, ἡ δ᾽ ἀμέλεια τῆς πόλεως· καὶ οἱ μὲν οὐκ ᾔδεσαν ὑμῶν, οἱ δὲ πυθόμενοι τῷ μὲν λόγῳ ἠγανάκτουν, τῷ δ᾽ ἔργῳ οὐκ εἶχον ὅ τι χρήσαιντο αὐτῇ, οὐδενὸς εἰς ἀγῶνα καθιστάντος οὐδὲ διδόντος περὶ αὐτῆς τὴν ψῆφον. ἐπειδὴ δὲ καὶ ἴστε πάντες καὶ ἔχετε ἐφ᾽ ὑμῖν αὐτοῖς καὶ κύριοί ἐστε κολάσαι, ὑμέτερον ἤδη τὸ ἀσέβημα γίγνεται τὸ πρὸς τοὺς θεούς, ἐὰν μὴ ταύτην κολάσητε.

110 τί δὲ καὶ φήσειεν ἂν ὑμῶν ἕκαστος εἰσιὼν πρὸς τὴν ἑαυτοῦ γυναῖκ᾽ ἢ θυγατέρα ἢ μητέρα, ἀποψηφισάμενος ταύτης, ἐπειδὰν ἔρηται ὑμᾶς "ποῦ ἦτε;" καὶ εἴπητε ὅτι "ἐδικάζομεν."; "τῷ;" ἐρήσεται εὐθύς. "Νεαίρᾳ", δῆλον ὅτι φήσετε – οὐ γάρ; – "ὅτι ξένη οὖσα ἀστῷ συνοικεῖ παρὰ τὸν νόμον, καὶ ὅτι τὴν θυγατέρα μεμοιχευμένην ἐξέδωκεν Θεογένει τῷ βασιλεύσαντι, καὶ αὕτη

---

* Hermogenes, *peri ideon logou* 2, 3, 84-47 (p. 325, 18-21 Rabe): τοιοῦτόν ἐστι καὶ τὸ ἐν τῷ Κατὰ Νεαίρας ὠβελισμένον ὑπό τινων τὸ "ἀπὸ τριῶν τρυπημάτων τὴν ἐργασίαν πεποιῆσθαι" λέγειν· λίαν γὰρ εὐτελές ἐστι.
Vgl. Gregor von Korinth, Kommentar zu Hermogenes' *peri methodou deinotetos* 46 (p. 1160, 12-13 Walz): καὶ ὁ Δημοσθένης "ἀπὸ τριῶν τρυπημάτων τὴν ἐργασίαν πεποιῆσθαι".

Eine solche Person nun, von der es allbekannt ist, daß sie ihr Gewerbe mit allen drei Löchern[*] ausgeübt und den ganzen Erdkreis durchzogen hat, wollt ihr durch eure Stimmplättchen (*psephoi*)[Z] zu einer Bürgerin machen?

109 Welche schöne Tat werdet ihr wohl, wenn euch jemand danach fragt, getan zu haben behaupten? Welche Art von Schande (*aischyne*) und Frevel gegen die Götter (*asebeia*)[K] werdet ihr dadurch nicht auf euch laden? Ehe nämlich die Schriftklage (*graphe*)[V] gegen sie erhoben und sie in den Prozeß (*agon*)[X] gestellt worden war, wodurch erst jedermann erfuhr, wer sie sei und was die von ihr begangenen Frevel (*asebeia*)[K] seien, mußte man zwar ihr allein die Unrecht-Taten zurechnen, das Desinteresse (*ameleia*) daran aber dem Staat. Manche von euch wußten nichts darüber, manche haben, als sie davon erfuhren, in Worten ihren Unwillen geäußert, in Taten aber nicht gewußt, was sie gegen jene machen sollten, da sie noch niemand in einen Prozeß (*agon*)[X] gestellt hatte und da noch gar keine Abstimmung (*psephos*)[Z] über sie stattgefunden hatte. Jetzt aber, da ihr alle mit der Sache bekannt seid, und hier über sie verfügen könnt und die Macht habt (*kyrioi*)[E], sie zu strafen, wird nun der gegen die Götter begangene Frevel (*asebema*) euch zur Last fallen, wenn ihr diese (Neaira) nicht bestraft.

110 Was würde auch wohl jeder von euch sagen, wenn er zu seiner Frau[J], Tochter oder Mutter (ins Haus) hineinginge, nachdem er für einen Freispruch dieser (Neaira) gestimmt (*psephos*)[Z] hätte? Wenn diese euch fragten: "Wo wart ihr?", und ihr antwortetet: "Wir haben Gericht gehalten." "Über wen?", würden sie dann gleich weiter fragen. "Über Neaira", würdet ihr offenbar antworten – nicht wahr? – "weil sie als eine Fremde gegen das Gesetz mit einem Bürger in Ehegemeinschaft lebt und weil sie ihre Tochter, die sich mit einem *moichos*[J] eingelassen hatte, dem Theogenes zur Frau gegeben

---

[*] Hermogenes: Das Gleiche wird auch in der *Rede gegen Neaira* von manchen getilgt, und zwar die Aussage "mit drei Löchern ein Gewerbe ausüben", denn allzu schäbig ist dies.
Gregor von Korinth: Und Demosthenes sagt "mit drei Löchern ein Gewerbe ausüben".

ἔθυσε τὰ ἱερὰ τὰ ἄρρητα ὑπὲρ τῆς πόλεως καὶ τῷ Διονύσῳ γυνὴ ἐδόθη", καὶ τἄλλα διηγούμενοι τὴν κατηγορίαν αὐτῆς, ὡς καὶ μνημονικῶς καὶ ἐπιμελῶς περὶ ἑκάστου κατηγορήθη.

111 αἱ δὲ ἀκούσασαι ἐρήσονται "τί οὖν ἐποιήσατε;" ὑμεῖς δὲ φήσετε "ἀπεψηφίσμεθα." οὐκοῦν ἤδη αἱ μὲν σωφρονέσταται τῶν γυναικῶν ὀργισθήσονται ὑμῖν, διότι ὁμοίως αὐταῖς ταύτην κατηξιοῦτε μετέχειν τῶν τῆς πόλεως καὶ τῶν ἱερῶν · ὅσαι δ᾽ ἀνόητοι, φανερῶς ἐπιδείκνυτε ποιεῖν ὅ τι ἂν βούλωνται, ὡς ἄδειαν ὑμῶν καὶ τῶν νόμων δεδωκότων · δόξετε γὰρ ὀλιγώρως καὶ ῥᾳθύμως φέροντες ὁμογνώμονες καὶ αὐτοὶ εἶναι τοῖς ταύτης τρόποις.

112 ὥστε πολὺ μᾶλλον ἐλυσιτέλει μὴ γενέσθαι τὸν ἀγῶνα τουτονὶ ἢ γενομένου ἀποψηφίσασθαι ὑμᾶς. κομιδῇ γὰρ ἤδη {παντελῶς} ἐξουσία ἔσται ταῖς πόρναις συνοικεῖν οἷς ἂν βούλωνται, καὶ τοὺς παῖδας φάσκειν οὗ ἂν τύχωσιν εἶναι · καὶ οἱ μὲν νόμοι ἄκυροι ὑμῖν ἔσονται, οἱ δὲ τρόποι τῶν ἑταιρῶν κύριοι ὅ τι ἂν βούλωνται διαπράττεσθαι. ὥστε καὶ ὑπὲρ τῶν πολιτίδων σκοπεῖτε, τοῦ μὴ ἀνεκδότους γενέσθαι τὰς τῶν πενήτων θυγατέρας.

113 νῦν μὲν γάρ, κἂν ἀπορηθῇ τις, ἱκανὴν προῖκ᾽ αὐτῇ ὁ νόμος συμβάλλεται, ἂν καὶ ὁπωστιοῦν μετρίαν ἡ φύσις ὄψιν ἀποδῷ · προπηλακισθέντος δὲ τοῦ νόμου ὑφ᾽ ὑμῶν ἀποφυγούσης ταύτης, καὶ ἀκύρου γενομένου, παντελῶς ἤδη ἡ μὲν τῶν πορνῶν ἐργασία ἥξει εἰς τὰς τῶν πολιτῶν θυγατέρας, δι᾽ ἀπορίαν ὅσαι ἂν μὴ δύνωνται ἐκδοθῆναι, τὸ δὲ τῶν ἐλευθέρων γυναικῶν ἀξίωμα εἰς τὰς ἑταίρας, ἂν ἄδειαν λάβωσι τοῦ ἐξεῖναι αὐταῖς

hat, der damals *basileus*[Q] war, und weil jene die heiligen und geheimnisvollen Opfer für den Staat vollzog, und (in der "Heiligen Hochzeit")[L] dem Dionysos als Frau beigesellt wurde" und das andere aus der Anklage gegen sie erzählen, so gut, so treu und genau wie möglich über jeden Punkt, dessen sie angeklagt war.

111 Sie aber würden dies hören und dann fragen: "Was also habt ihr gemacht?" Ihr würdet dann sagen: "Wir haben einen Freispruch beschlossen (*psephos*)[Z]." Würden dann nicht die verständigeren unter diesen Frauen euch zürnen, weil ihr dieser Person ebensogut wie ihnen die Teilnahme am Staat und an den Heiligtümern gewährt? Den Törichten aber würdet ihr erlauben zu tun, was sie wollen, soweit ihr und die Gesetze ihnen etwas nicht verboten hättet. Ihr werdet euch nämlich, wenn ihr diesen Fall gering achtet und mit Nachsicht ertragt, selbst mit dem Verhalten dieser Frau einverstanden erklären.

112 Daher wäre es viel nützlicher, wenn dieser Prozeß (*agon*)[X] hier nie stattgefunden hätte, als wenn in ihm von euch ein Freispruch beschlossen würde (*psephos*)[Z]. Es würden nämlich dann die Huren (*pornai*)[J] die Befugnis erhalten, mit jedem in Ehegemeinschaft zu leben, mit dem sie Lust haben, und ihre Kinder nach Belieben als die eines jeden Mannes auszugeben, der ihnen einfällt. Auf diese Weise werden eure Gesetze machtlos (*akyros*)[E] und die Sitten der Hetären [J] erhalten die Macht (*kyrios*)[E], alles durchzusetzen, was sie wollen. Nehmt denn auch auf unsere Bürgerinnen Rücksicht und sorgt dafür, daß die Töchter der Armen nicht mangels einer Mitgift[I] unverheiratet bleiben müssen.

113 Jetzt nämlich gibt das Gesetz, wenn einmal eine von ihnen mittellos ist, ihr eine hinreichende Mitgift[I], sobald sie von der Natur nur wenigstens eine mittelmäßige Gestalt empfangen hat. Wenn aber das Gesetz von euch mit Füßen getreten wird und diese hier (Neaira) ungestraft durchkommt, so daß das Gesetz machtlos (*akyros*)[E] wird, so wird das Gewerbe der Huren (*pornai*)[J] sich unter den Bürgerstöchtern weit verbreiten, die aus Armut keine Mitgift erhalten können. Es werden dann die Würde und der Rang der freigeborenen Frauen auf die Hetären [J] übergehen, wenn diese die Befugnis

παιδοποιεῖσθαι ὡς ἂν βούλωνται καὶ τελετῶν καὶ ἱερῶν καὶ τιμῶν μετέχειν τῶν ἐν τῇ πόλει.

114 ὥστε εἷς ἕκαστος ὑμῶν νομιζέτω, ὁ μὲν ὑπὲρ γυναικός, ὁ δ᾽ ὑπὲρ θυγατρός, ὁ δ᾽ ὑπὲρ μητρός, ὁ δ᾽ ὑπὲρ τῆς πόλεως καὶ τῶν νόμων καὶ τῶν ἱερῶν τὴν ψῆφον φέρειν, τοῦ μὴ ἐξ ἴσου φανῆναι ἐκείνας τιμωμένας ταύτῃ τῇ πόρνῃ, μηδὲ τὰς μετὰ πολλῆς καὶ καλῆς σωφροσύνης καὶ ἐπιμελείας τραφείσας ὑπὸ τῶν προς-ηκόντων καὶ ἐκδοθείσας κατὰ τοὺς νόμους, ταύτας ἐν τῷ ἴσῳ φαίνεσθαι μετεχούσας τῇ μετὰ πολλῶν καὶ ἀσελγῶν τρόπων πολλάκις πολλοῖς ἑκάστης ἡμέρας συγγεγενημένῃ, ὡς ἕκαστος ἐβούλετο.

115 ἡγεῖσθε δὲ μήτ᾽ ἐμὲ τὸν λέγοντα εἶναι Ἀπολλόδωρον μήτε τοὺς ἀπολογησομένους καὶ συνεροῦντας πολίτας, ἀλλὰ τοὺς νόμους καὶ Νέαιραν ταυτηνὶ περὶ τῶν πεπραγμένων αὐτῇ πρὸς ἀλλή-λους διαδικάζεσθαι. καὶ ὅταν μὲν ἐπὶ τῆς κατηγορίας γένησθε, τῶν νόμων αὐτῶν ἀκούετε, δι᾽ ὧν οἰκεῖται ἡ πόλις καὶ καθ᾽ οὓς ὀμωμόκατε δικάσειν, τί κελεύουσι καὶ τί παραβεβήκασιν· ὅταν δὲ ἐπὶ τῆς ἀπολογίας ἦτε, μνημονεύοντες τὴν τῶν νόμων κατ-ηγορίαν καὶ τὸν ἔλεγχον τὸν τῶν εἰρημένων, τήν τε ὄψιν αὐτῆς ἰδόντες, ἐνθυμεῖσθε τοῦτο μόνον, εἰ Νέαιρα οὖσα ταῦτα διαπέ-πρακται.

116 ἄξιον δὲ κἀκεῖνο ἐνθυμηθῆναι, ὦ ἄνδρες Ἀθηναῖοι, ὅτι Ἀρχίαν τὸν ἱεροφάντην γενόμενον, ἐξελεγχθέντα ἐν τῷ δικαστηρίῳ ἀσεβεῖν θύοντα παρὰ τὰ πάτρια τὰς θυσίας, ἐκολάσατε ὑμεῖς, καὶ ἄλλα τε κατηγορήθη αὐτοῦ καὶ ὅτι Σινώπῃ τῇ ἑταίρᾳ Ἁλώ-οις ἐπὶ τῆς ἐσχάρας τῆς ἐν τῇ αὐλῇ Ἐλευσῖνι προσαγούσῃ

erhalten, Kinder zu machen, mit wem sie Lust haben, und an den Opfern und Heiligtümern und Rechten im Staat teilzuhaben.

114 Ein jeder von euch stelle sich einmal vor, daß er – der eine für seine Frau, der andere für seine Tochter, der dritte für seine Mutter und der vierte für den Staat und die Gesetze und die Heiligtümer – das Stimmplättchen (*psephos*)[Z] trägt, damit diese Frauen nicht auf gleicher Stufe mit jener Hure (*porne*)[J] erscheinen und mit ihr gleichgeachtet werden; damit außerdem Frauen, die mit vieler und schöner Umsicht und Sorgfalt von ihren Verwandten erzogen und nach den Gesetzen verheiratet worden sind, nicht mit jener Frau auf gleicher Stufe erscheinen, die auf vielfache unzüchtige Weise jeden Tag mit vielen, wie es jeder wollte, geschlafen hat.

115 Stellt euch einmal vor, daß ich, der Redende, nicht Apollodoros wäre und diejenigen, die sich nachher[W] verteidigen werden (*apologia*), mitsamt ihren *synegoroi*[X] keine Bürger wären, sondern daß die Gesetze von der einen Seite und diese Neaira hier von der anderen Seite selbst über ihre Handlungen miteinander vor Gericht stritten. Wenn ihr euch dann mit der Anklage (*kategoria*)[X] beschäftigt, so hört auf die Gesetze selbst, durch die der Staat verwaltet wird und nach denen ihr zu urteilen geschworen habt[U], und seht, was sie gebieten und was diese dann verletzt haben. Wenn ihr aber auf die Verteidigung (*apologia*)[X] kommt, so denkt an die Anklage, an die Gesetze und an die Beweise für das, was vorgetragen worden ist, und wenn ihr ihre Erscheinung hier seht, dann beherzigt nur das eine, ob sie, eine Neaira, das wirklich getan hat.

116 Es lohnt sich, euch daran zu erinnern, Männer von Athen, daß Archias, als er das Amt des *hierophantes*[M] innehatte, von euch bestraft worden ist, nachdem er vom Gericht überführt worden war, sich eines Frevels (*asebeia*)[K] schuldig gemacht zu haben, weil er die Opfer gegen das ererbte Herkommen dargebracht hatte. Außer anderen gegen ihn erhobenen Beschuldigungen wurde er auch deshalb angeklagt, weil er für die Hetäre[J] Sinope, die am *Haloa*-Fest[M] im Vorhof von Eleusis[M] ein Opfertier zum Altar brachte, dieses geopfert habe, ob-

ἱερεῖον θύσειεν, οὐ νομίμου ὄντος ἐν ταύτῃ τῇ ἡμέρᾳ ἱερεῖα
θύειν, οὐδ᾿ ἐκείνου οὔσης τῆς θυσίας ἀλλὰ τῆς ἱερείας.

117 οὔκουν δεινὸν τὸν μὲν καὶ ἐκ γένους ὄντα τοῦ Εὐμολπιδῶν καὶ
προγόνων καλῶν κἀγαθῶν καὶ πολίτην τῆς πόλεως, ὅτι ἐδόκει τι
παραβῆναι τῶν νομίμων, δοῦναι δίκην – καὶ οὔθ᾿ ἡ τῶν συγ-
γενῶν οὔθ᾿ ἡ τῶν φίλων ἐξαίτησις ὠφέλησεν αὐτόν, οὔθ᾿ αἱ λῃτ-
ουργίαι ἃς ἐλῃτούργησε τῇ πόλει αὐτὸς καὶ οἱ πρόγονοι αὐτοῦ,
οὔτε τὸ ἱεροφάντην εἶναι, ἀλλ᾿ ἐκολάσατε δόξαντα ἀδικεῖν – ·
Νέαιραν δὲ ταυτηνὶ εἴς τε τὸν αὐτὸν θεὸν τοῦτον ἠσεβηκυῖαν
καὶ τοὺς νόμους, καὶ αὐτὴν καὶ τὴν θυγατέρα αὐτῆς, οὐ
τιμωρήσεσθε;

118 θαυμάζω δ᾿ ἔγωγε τί ποτε καὶ ἐροῦσι πρὸς ὑμᾶς ἐν τῇ ἀπολογίᾳ.
πότερον ὡς ἀστή ἐστιν Νέαιρα αὑτηὶ καὶ κατὰ τοὺς νόμους
συνοικεῖ αὐτῷ; ἀλλὰ μεμαρτύρηται ἑταίρα οὖσα καὶ δούλη
Νικαρέτης γεγενημένη. ἀλλ᾿ οὐ γυναῖκα εἶναι αὐτοῦ, ἀλλὰ
παλλακὴν ἔχειν ἔνδον; ἀλλ᾿ οἱ παῖδες ταύτης ὄντες καὶ εἰσηγμέ-
νοι εἰς τοὺς φράτερας ὑπὸ Στεφάνου καὶ ἡ θυγάτηρ ἀνδρὶ
Ἀθηναίῳ ἐκδοθεῖσα περιφανῶς αὐτὴν ἀποφαίνουσι γυναῖκα
ἔχοντα.

119 ὡς μὲν τοίνυν οὐκ ἀληθῆ ἐστιν τὰ κατηγορημένα καὶ μεμαρ-
τυρημένα, οὔτ᾿ αὐτὸν Στέφανον οὔτ᾿ ἄλλον ὑπὲρ τούτου οἶμαι
ἐπιδείξειν, ὡς ἔστιν ἀστὴ Νέαιρα αὑτή · ἀκούω δὲ αὐτὸν τοιοῦτόν τι μέλλειν ἀπολογεῖσθαι, ὡς οὐ γυναῖκα ἔχει αὐτὴν ἀλλ᾿
ἑταίραν, καὶ οἱ παῖδες οὐκ εἰσὶν ταύτης ἀλλ᾿ ἐξ ἑτέρας γυναικὸς
αὐτῷ ἀστῆς, ἣν φησὶ πρότερον γῆμαι συγγενῆ αὐτοῦ.

wohl gesetzliche Bestimmungen dem widersprachen, an diesem Tag Opfer darzubringen, und obwohl das Opfern nicht ihm, sondern der Priesterin zustand.

117 Wäre es nun nicht unerhört, wenn einerseits ein Mann, der von den Eumolpiden[B] abstammte, aus vornehmer (*kalos kagathos*)[B] Familie kam und ein Bürger des Staats war, nur deshalb, weil man glaubte, er hätte gesetzliche Bestimmungen (*nomima*)[N] übertreten, zur Strafe herangezogen wurde – und weder die Fürbitten seiner Verwandten noch die seiner Freunde nützten ihm, auch nicht die vielen *leitourgiai*[T], die er und seine Vorfahren für den Staat übernommen hatten, oder daß er *hierophantes*[M] war, sondern ihr habt ihn bestraft, weil er euch als Unrecht-Täter erschien –, andererseits diese Neaira hier, die gegen denselben Gott gefrevelt hat (*asebeia*)[K] und gegen die Gesetze, und nicht allein sie, sondern auch ihre Tochter, von euch nicht bestraft würde?

118 Ich frage mich auch, was sie eigentlich in der Verteidigung (*apologia*)[X] vor euch sagen werden:[W] Ob sie etwa behaupten werden, diese Neaira hier sei eine Bürgerin und lebe mit ihm nach den Gesetzen in Ehegemeinschaft? Es ist ja aber bezeugt worden, daß sie eine Hetäre[J] ist und eine Sklavin der Nikarete war. Oder aber: Sie sei nicht seine Frau, sondern er habe sie nur im Haus als seine Konkubine (*pallakè*)[J]? Aber die Einführung der Söhne dieser Neaira in die Phratrie[H] des Stephanos und die Vermählung ihrer Tochter mit einem athenischen Bürger lassen ganz eindeutig erscheinen, daß er sie als seine wirkliche Ehefrau hat.

119 Daß nun also die Anklage und das Bezeugte nicht wahr ist, wird, wie ich meine, gewiß weder Stephanos selbst noch ein anderer für ihn beweisen können (und behaupten wollen), daß diese Neaira hier eine Bürgerin sei. Ich höre aber, daß man eine Verteidigung (*apologia*)[X] von der Art vorzubringen plant, daß er sie nicht als Ehefrau, sondern nur als Hetäre[J] bei sich habe, und daß die Kinder nicht von ihr, sondern von einer anderen Frau seien, einer Bürgerin, die er früher geheiratet zu haben vorgibt und die mit ihm verwandt[I] gewesen sei.

120 πρὸς δὴ τὴν ἀναίδειαν αὐτοῦ τοῦ λόγου καὶ τὴν παρασκευὴν τῆς ἀπολογίας καὶ τῶν μαρτυρεῖν αὐτῷ παρεσκευασμένων πρόκλησιν αὐτὸν προὐκαλεσάμην ἀκριβῆ καὶ δικαίαν, δι' ἧς ἐξῆν ὑμῖν πάντα τἀληθῆ εἰδέναι, παραδοῦναι τὰς θεραπαίνας τὰς Νεαίρᾳ τότε προσκαρτερούσας ὅτ' ἦλθεν ὡς Στέφανον ἐκ Μεγάρων, Θρᾷτταν καὶ Κοκκαλίνην, καὶ ἃς ὕστερον παρὰ τούτῳ οὖσα ἐκτήσατο, Ξεννίδα καὶ Δροσίδα ·

121 αἳ ἴσασιν ἀκριβῶς Πρόξενόν τε τὸν τελευτήσαντα καὶ Ἀρίστωνα τὸν νῦν ὄντα καὶ Ἀντιδωρίδην τὸν σταδιοδρομοῦντα καὶ Φανὼ τὴν Στρυβήλην καλουμένην, ἣ Θεογένει τῷ βασιλεύσαντι συνῴκησεν, Νεαίρας ὄντας. καὶ ἐὰν φαίνηται ἐκ τῆς βασάνου γήμας Στέφανος οὑτοσὶ ἀστὴν γυναῖκα καὶ ὄντες αὐτῷ οἱ παῖδες οὗτοι ἐξ ἑτέρας γυναικὸς ἀστῆς καὶ μὴ Νεαίρας, ἤθελον ἀφίστασθαι τοῦ ἀγῶνος καὶ μὴ εἰσιέναι τὴν γραφὴν ταύτην.

122 τὸ γὰρ συνοικεῖν τοῦτ' ἔστιν, ὃς ἂν παιδοποιῆται καὶ εἰσάγῃ εἴς τε τοὺς φράτερας καὶ δημότας τοὺς υἱεῖς, καὶ τὰς θυγατέρας ἐκδιδῷ ὡς αὑτοῦ οὔσας τοῖς ἀνδράσιν. τὰς μὲν γὰρ ἑταίρας ἡδονῆς ἕνεκ' ἔχομεν, τὰς δὲ παλλακὰς τῆς καθ' ἡμέραν θεραπείας τοῦ σώματος, τὰς δὲ γυναῖκας τοῦ παιδοποιεῖσθαι γνησίως καὶ τῶν ἔνδον φύλακα πιστὴν ἔχειν. ὥστ' εἰ πρότερον ἔγημεν γυναῖκα ἀστὴν καὶ εἰσὶν οὗτοι οἱ παῖδες ἐξ ἐκείνης καὶ μὴ Νεαίρας, ἐξῆν αὐτῷ ἐκ τῆς ἀκριβεστάτης μαρτυρίας ἐπιδεῖξαι, παραδόντι τὰς θεραπαίνας ταύτας.

123 ὡς δὲ προὐκαλεσάμην, τούτων ὑμῖν τήν τε μαρτυρίαν καὶ τὴν πρόκλησιν ἀναγνώσεται. λέγε τὴν μαρτυρίαν, ἔπειτα τὴν πρόκλησιν.

120 Gegen diese unverschämten Behauptungen nun und gegen das, was er zu seiner Verteidigung (*apologia*)[X] konstruiert und gegen diejenigen, die für ihn als Zeugen präpariert sind, habe ich eine genaue und gerechte Aufforderung (*proklesis*)[Y] an ihn gerichtet, aus welcher ihr die ganze Wahrheit hättet erkennen können: Ich habe ihn nämlich aufgefordert, die Sklavinnen der Neaira auszuliefern, die damals bei ihr geblieben waren, als sie zu Stephanos von Megara[□] aus kam, die Thratta und die Kokkaline, und auch die, die sie gekauft hatte, seit sie bei ihm war, die Xennis und die Drosis;

121 diese wissen genau, daß Proxenos, der schon verstorben ist, und Ariston, der noch am Leben ist, und Antidorides der Stadionläufer (**38** nicht erwähnt) und Phano, die Strybele genannt wurde und mit Theogenes dem *basileus*[Q] in Ehegemeinschaft lebte (s. **72**ff.), Kinder der Neaira sind. Für den Fall, daß sich durch die Folterung (*basanos*)[Y] erweisen sollte, daß dieser Stephanos hier eine Bürgerin geheiratet hatte und daß die Kinder von dieser anderen Frau, der Bürgerin, stammen und nicht von Neaira, war ich bereit gewesen, den Prozeß (*agon*)[X] aufzugeben und diese Schriftklage (*graphe*)[V] nicht einzubringen.

122 Die Ehegemeinschaft besteht ja darin, daß man Kinder mit einer Person macht, die Söhne unter die Mitglieder der Phratrie[H] und des Demos[H] einführt und die Töchter als eigene Kinder mit ihren Männern verheiratet. Wir haben die Hetären [J] wegen des Vergnügens, die Konkubinen (*pallakai*)[J] für die täglichen Dienste an unserem Körper und die Ehefrauen, um eheliche Kinder zu machen[I] und um einen vertrauenswürdigen Hüter der Dinge drinnen (im Haus) zu haben. Wenn er nun wirklich früher eine Frau geheiratet hätte, und zwar eine Bürgerin, und wenn die Kinder von dieser geboren wären und nicht von der Neaira, so hätte er dies durch das allerzuverlässigste Zeugnis beweisen können, wenn er diese Dienerinnen ausgeliefert hätte.

123 Zum Beweis dafür, daß ich aber diese Aufforderung (*proklesis*)[Y] an ihn gerichtet habe, soll euch die Zeugenaussage und die Aufforderung vorgelesen werden. Lies die Zeugenaussage und dann die Aufforderung vor.

ΜΑΡΤΥΡΙΑ

Ἱπποκράτης Ἱπποκράτους Προβαλίσιος, Δημοσθένης Δημοσθένους Παιανιεύς, Διοφάνης Διοφάνους Ἀλωπεκῆθεν, Δεινομένης Ἀρχελάου Κυδαθηναιεύς, Δεινίας Φορμίδου Κυδαντίδης, Λυσίμαχος Λυσίππου Αἰγιλιεὺς μαρτυροῦσι παρεῖναι ἐν ἀγορᾷ ὅτ' Ἀπολλόδωρος προύκαλεῖτο Στέφανον, ἀξιῶν παραδοῦναι εἰς βάσανον τὰς θεραπαίνας περὶ ὧν ᾐτιᾶτο Ἀπολλόδωρος Στέφανον περὶ Νεαίρας · Στέφανον δ' οὐκ ἐθελῆσαι παραδοῦναι τὰς θεραπαίνας · τὴν δὲ πρόκλησιν εἶναι ἣν παρέχεται Ἀπολλόδωρος.

124 λέγε δὴ αὐτὴν τὴν πρόκλησιν, ἣν προὐκαλούμην ἐγὼ Στέφανον τουτονί.

ΠΡΟΚΛΗΣΙΣ

τάδε προὐκαλεῖτο Ἀπολλόδωρος Στέφανον περὶ ὧν τὴν γραφὴν γέγραπται Νέαιραν, ξένην οὖσαν ἀστῷ συνοικεῖν, ἕτοιμος ὢν τὰς θεραπαίνας παραλαμβάνειν τὰς Νεαίρας, ἃς ἐκ Μεγάρων ἔχουσα ἦλθεν, Θρᾷτταν καὶ Κοκκαλίνην, καὶ ἃς ὕστερον παρὰ Στεφάνῳ ἐκτήσατο, Ξεννίδα καὶ Δροσίδα, τὰς εἰδυίας ἀκριβῶς περὶ τῶν παίδων τῶν ὄντων Στεφάνῳ, ὅτι ἐκ Νεαίρας εἰσίν, Πρόξενός τε ὁ τελευτήσας καὶ Ἀρίστων ὁ νῦν ὢν καὶ Ἀντιδωρίδης ὁ σταδιοδρομῶν καὶ Φανώ, ἐφ' ᾧ τε βασανίσαι αὐτάς. καὶ εἰ μὲν ὁμολογοῖεν ἐκ Στεφάνου εἶναι καὶ Νεαίρας τούτους τοὺς παῖδας, πεπρᾶσθαι Νέαιραν κατὰ τοὺς νόμους καὶ τοὺς παῖδας ξένους εἶναι · εἰ δὲ μὴ ὁμολογοῖεν ἐκ ταύτης εἶναι αὐτοὺς ἀλλ' ἐξ ἑτέρας γυναικὸς ἀστῆς, ἀφίστασθαι τοῦ ἀγῶνος ἤθελον

Zeugenaussage

Hippokrates, Sohn des Hippokrates, aus Probalinthos[G], Demosthenes[X], Sohn des Demosthenes, aus Paiania[G], Diophanes, Sohn des Diophanes, aus Alopeke[G], Deinomenes, Sohn des Archelaos, aus Kydathenaion[G], Deinias, Sohn des Phormides, aus Kydantidai[G], und Lysimachos, Sohn des Lysippos, aus Aigilia[G], bezeugen, daß sie auf der Agora[A] zugegen waren, als Apollodoros die Aufforderung (*proklesis*)[Y] an Stephanos richtete, er solle die Sklavinnen zur Befragung durch die Folterung (*basanos*)[Y] ausliefern wegen der Dinge, derer Apollodoros den Stephanos über Neaira beschuldigt, daß aber Stephanos die Sklavinnen nicht hat ausliefern wollen, und daß es wirklich diese Aufforderung (*proklesis*) ist, die Apollodoros vorzeigt.

124 Lies nun die Aufforderung (*proklesis*)[Y] selbst vor, die ich an diesen Stephanos hier habe ergehen lassen.

Aufforderung (*proklesis*)[Y]

Zu Folgendem hat Apollodoros dem Stephanos eine Aufforderung (*proklesis*) in der Sache zugestellt, über die er eine Schriftklage (*graphe*)[V] eingereicht hat, nämlich daß Neaira, obwohl sie eine Fremde ist, mit ihm, einem Bürger, in Ehegemeinschaft lebe: Er sei bereit, sowohl die Sklavinnen der Neaira heranzuziehen, die sie aus Megara[□] mitgebracht hat – Thratta und Kokkaline –, als auch die, die sie später, als sie bei Stephanos war, gekauft hatte – Xennis und Drosis –, da diese genau über die Kinder von Stephanos wissen, daß sie von Neaira sind – nämlich Proxenos, der schon verstorben ist, Ariston, der noch lebt, Antidorides der Stadionläufer und Phano –, worüber sie unter Folterung befragt (*basanos*)[Y] werden können. Falls sie nun zustimmen, daß diese Kinder von Stephanos und Neaira stammen, dann soll Neaira den Gesetzen gemäß (in die Sklaverei) verkauft[Z] und die Kinder sollen zu Fremden erklärt werden; wenn sie nicht zustimmen, daß sie von dieser stammen, sondern von einer anderen Frau, einer Bürgerin, dann wollte ich diesen Prozeß (*agon*)[X] gegen

τοῦ Νεαίρας, καὶ εἴ τι ἐκ τῶν βασάνων βλαφθείησαν αἱ ἄνθρωποι, ἀποτίνειν ὅ τι βλαβείησαν.

125 ταῦτα προκαλεσαμένου ἐμοῦ, ἄνδρες δικασταί, Στέφανον τουτονί, οὐκ ἠθέλησεν δέξασθαι. οὔκουν ἤδη δοκεῖ ὑμῖν δεδικάσθαι ὑπ᾽ αὐτοῦ Στεφάνου τουτουί, ὦ ἄνδρες δικασταί, ὅτι ἔνοχός ἐστι τῇ γραφῇ Νέαιρα ἣν ἐγὼ αὐτὴν ἐγραψάμην, καὶ ὅτι ἐγὼ μὲν ἀληθῆ εἴρηκα πρὸς ὑμᾶς καὶ τὰς μαρτυρίας παρεσχόμην ἀληθεῖς, οὑτοσὶ δ᾽ ὅ τι ἂν λέγῃ πάντα ψεύσεται, καὶ ἐξελέγξει αὐτὸς αὑτὸν ὅτι οὐδὲν ὑγιὲς λέγει, οὐκ ἐθελήσας παραδοῦναι εἰς βασάνους τὰς θεραπαίνας ἃς ἐγὼ ἐξῄτουν αὐτόν;

126 ἐγὼ μὲν οὖν, ὦ ἄνδρες δικασταί, καὶ τοῖς θεοῖς, εἰς οὓς οὗτοι ἠσεβήκασιν, καὶ ἐμαυτῷ τιμωρῶν, κατέστησά τε τουτουσὶ εἰς ἀγῶνα καὶ ὑπὸ τὴν ὑμετέραν ψῆφον ἤγαγον. καὶ ὑμᾶς δὲ χρὴ νομίσαντας μὴ λήσειν τοὺς θεούς, εἰς οὓς οὗτοι παρανενομήκασιν, ὅ τι ἂν ἕκαστος ὑμῶν ψηφίσηται, ψηφίσασθαι τὰ δίκαια καὶ τιμωρεῖν μάλιστα μὲν τοῖς θεοῖς, ἔπειτα δὲ καὶ ὑμῖν αὐτοῖς. καὶ ταῦτα ποιήσαντες δόξετε πᾶσι καλῶς καὶ δικαίως δικάσαι ταύτην τὴν γραφήν, ἣν Νέαιραν ἐγὼ ἐγραψάμην, ξένην οὖσαν ἀστῷ συνοικεῖν.

Neaira beenden, und falls die Frauenspersonen durch die Folterung (*basanos*) beschädigt werden sollten, den Schaden vergüten.

125 Als ich diese Aufforderung (*proklesis*)[Y], ihr Herren Richter, an diesen Stephanos hier aushändigen wollte, wollte er sie nicht annehmen. Scheint euch damit also nicht gerade von diesem Stephanos hier selbst, ihr Herren Richter, durch das Urteil gesprochen zu haben, daß Neaira der von mir eingereichten Schriftklage (*graphe*)[V] anheimfällt und daß ich die Wahrheit vor euch gesagt und wahrhaftige Zeugnisse vorgebracht habe, und daß, was auch immer dieser hier dagegen vorbringen mag,[W] erlogen sein wird, und daß er sich selbst widerlegen und nichts Vernünftiges vorbringen wird, da er ja die Sklavinnen nicht zur Folteruntersuchung (*basanos*)[Y] ausliefern wollte, wie ich von ihm verlangt hatte?

126 Ich habe nun, ihr Herren Richter, für die Götter, gegen die diese gefrevelt haben (*asebeia*)[K], und auch zu meiner Rache[V], diese Leute hier in einen Prozeß (*agon*)[X] gebracht und eurer Abstimmung (*psephos*)[Z] ausgeliefert. Es gehört sich nun aber auch für euch – in der Überzeugung, daß den Göttern, gegen die sich jene verfehlt (*paranomein*)[N] haben, nicht verborgen bleiben werde, wofür immer jeder von euch stimmt (*psephos*)[Z] –, so abzustimmen, wie die Gerechtigkeit es erfordert, und zuerst das Vergehen gegen die Götter, dann auch das gegen euch selbst zu rächen. Wenn ihr dies tut, so werdet ihr bei jedermann als schön und gerecht über diese Schriftklage (*graphe*)[V] urteilend erscheinen, die ich gegen Neaira eingebracht habe, daß sie als Fremde mit einem Bürger in Ehegemeinschaft lebt.

ANHANG

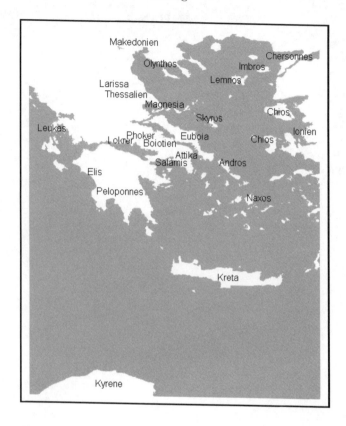

Kartenskizze 1: Regionen und Inseln der Mittelmeerwelt

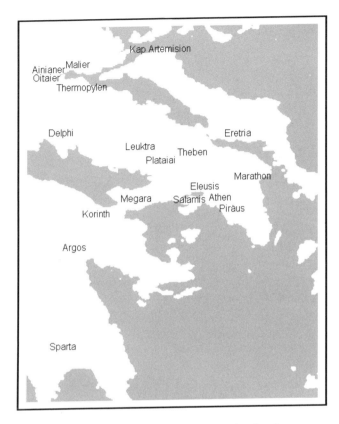

Kartenskizze 2: Zentralgriechenland

Zum Lesetext

In der *Rede gegen die Stiefmutter* haben die mittelalterlichen Kopisten, denen der mythische Name der "Klytaimnestra" **A17** offenbar unbekannt war, diesen als Namen der Stiefmutter gedeutet.

Zur *Rede gegen Neaira* finden sich in deren mittelalterlichen Abschriften einige wenige *Scholien* (Anmerkungen): Eine (dem von Libanios Gesagten parallele) Einführung **1**, eine Erläuterung zum "Vorladen"[X] **28** und zu "Kolias"[A] **33** bietet der Codex Parisinus graecus 2935 aus dem 9.-10. Jahrhundert (in der Forschung wird dieser Codex mit dem Buchstaben "Y" bezeichnet), die beiden letztgenannten Erläuterungen und dazu eine zum "mit beiden Männern Geschlechtsverkehr haben" **46** der Codex Marcianus gr. 416 aus dem 10. Jahrhundert in einer zweiten Hand ("F²"), und zur "Falle", die Stephanos stellte **65**, der Codex Parisinus gr. 2934 aus dem 9. Jahrhundert ("S"). Ferner findet sich bei Hermogenes und bei Gregor von Korinth ein anstößiger und wohl deshalb von den frommen Schreibern, die den Text im Mittelalter kopierten, getilgter Zusatz zu **108**. Der Lesetext folgt sonst der Ausgabe von Rennie (s. S.154) mit folgenden Änderungen, mit denen zumeist Eingriffe in den überlieferten Text rückgängig gemacht werden:

9 {ὡς ὦφλε τῷ δημοσίῳ ἐκ πέντε καὶ εἴκοσιν ἐτῶν} bei Rennie nach **5** hinter παρασχόμενος verlegt, hier ganz getilgt.

10 δραχμῶν hier nicht getilgt.

13 καὶ ὥσπερ hier nicht umgestellt.

53 καὶ hier getilgt.

78 τὰς nach γεραρὰς hier nicht eingefügt.

82 ἔστωσαν hier nicht zu ὄντων geändert.

84 Ἐρχιέα und Ἐρχιεὺς hier nicht aspiriert geschrieben.

85 τὸν nach νόμον hier nicht eingefügt.

99 αὐτῶν hier nicht getilgt.

102 δὲ vor τῆς hier nicht getilgt, δέκα hier nicht zu δύο geändert.

105 δήπου hier zu δήμου korrigiert.

108 ἀπὸ τριῶν τρυπημάτων hier eingefügt (s.o.).

115 statt δικάζεσθαι hier mit der Überlieferung διαδικάζεσθαι.

119 statt φήσει hier mit der Überlieferung φησὶν.

124 statt Νεαίρᾳ, ὅτι ‹οὐκ ἐκ Στεφάνῳ hier Στεφάνῳ ὅτι ἐκ Νεαίρας sowie ἐκ Στεφάνου …καὶ nach ὁμολογοῖεν nicht getilgt.

Weitere zitierte Zeugnisse

Aischines (s. S.17): V. Martin und G. de Budé, Eschine: Discours. 2 Bde. Paris 1927-1928

[Aristoteles] Magna Moralia (s. S.26): F. Susemihl und G.C. Armstrong, Aristotle XVIII. Cambridge/Mass. und London 1935

Athenaios (s. S.32): G. Kaibel, Athenaei Naucratitae deipnosophistarum libri XV. Leipzig 1887-1890

Gregor von Korinth (s.S.151): Ch. Walz, Rhetores Graeci VII 2. Stuttgart 1834

Hermogenes (s. S.151): H. Rabe, Rhetores Graeci VI: Hermogenis Opera. Leipzig 1913

Inschrift zu Stephanos (s. S.30): K. Brodersen, W. Günther und H.H. Schmitt, Historische griechische Inschriften in Übersetzung (*HGIÜ*) II, Darmstadt 1996, Nr. 250 (IG II^2 213)

Libanios (s. S.29, 54f. und 151): R. Förster, Libanii Opera VII. Leipzig 1915

Philetairos (s. S.33): R. Kassel und C. Austin, Poetae Comici Graeci VII. Berlin und New York 1989 (zur Datierung der *Kynagis* s. H. Breitenbach, De genere quodam titulorum comoediae Atticae. Diss. Basel 1908, 122ff.)

Scholien (s.S.151): M.R. Dilts, Scholia Demosthenica II. Leipzig 1986

Thukydides (s. S.13 und 26f.): H.S. Jones und J.E. Powell, Thucydidis historiae. 2 Bde. Oxford 1942

Ausgewählte weiterführende Literatur

Die Lebenswelt der Reden

J. Bleicken, Die athenische Demokratie. 4. Aufl. Paderborn 1995
  – übersichtliche Darstellung der attischen Verfassung

J. Davidson, Kurtisanen und Meeresfrüchte: Die verzehrenden Leidenschaften im klassischen Athen. Berlin 1999 (engl. 1997) *– umfassend zur antiken Lebenswelt und zu den Hetären*

L. Foxhall, The Law and the Lady, in: Dies. und A.D.E. Lewis (Hgg.), Greek Law in its Political Setting. Oxford 1996, 133-165 *– Studie zu Prozessen, an denen Frauen beteiligt waren*

M.H. Hansen, Die athenische Demokratie im Zeitalter des Demosthenes: Struktur, Prinzipien und Selbstverständnis. Berlin 1995 (engl. 1991) – *der Klassiker zur politischen Lebenswelt*

S.B. Pomeroy, Frauenleben im klassischen Altertum. Stuttgart 1985 (engl. 1983) – *der Klassiker zur Lebenswelt der Frauen*

T. Scheer, Forschungen über die Frau in der Antike, in: Gymnasium 107, 2000, 143-172 – *wichtiger Forschungsbericht*

G. Thür, Beweisführung vor den Schwurgerichtshöfen Athens: Die Proklesis zur Basanos. Wien 1977 – *über die Aufforderung zu Folteruntersuchung von Sklavinnen und Sklaven*

St. Todd, The Shape of Athenian Law. Oxford 1993 – *eine Einführung in das Rechtswesen des antiken Athen*

J. von Ungern-Sternberg und L. Burckhardt (Hgg.), Große Prozesse im antiken Athen. München 2000 – *Sammelband*

Zu Antiphons *Rede gegen die Stiefmutter*

M. Gagarin, Antiphon: The Speeches. Cambridge 1997 – *Text, engl. Übersetzung, Kommentar*

Ders., Antiphon, in: Ders. und D.M. MacDowell, Antiphon & Andocides. Austin 1998 – *engl. Übersetzung*

L. Gernet, Antiphon, Discours. Paris 1923 – *Text (hier zugrundegelegt), französ. Übersetzung*

K.J. Maidment, Minor Attic Orators I. Cambridge/Mass. und London 1960 – *Text, engl. Übersetzung*

W. Rosenthal, Antiphons Reden 1, in: Beilage zum Programm des Gymnasiums zu Fürstenwalde (Spree) Ostern 1908, 5-14 – *einzige zuvor publizierte deutsche Übersetzung*

U. von Wilamowitz-Moellendorff, Die erste Rede des Antiphon, in: Hermes 22, 1887, 194-210 (wieder in: Ders., Kleine Schriften III: Griechische Prosa. Berlin 1969, 101-116)

Zu Apollodoros' *Rede gegen Neaira* (Demosthenes 59)

E. Avezzù, Demostene, Processo a una cortigiana (contro Neera). Venedig 1986 – *Text, italien. Übersetzung, Anmerkungen*

V. Bers, Demosthenes: Speeches 50-59. Austin 2003 – *engl. Übersetzung*

Ch. Carey, Apollodoros Against Neaira ([Demosthenes] 59). War-
minster 1992 – *Text, engl. Übersetzung, Kommentar*

L. Gernet, Démosthène, Plaidoyers civils IV. Paris 1960 – *Text,
franzö̈s. Übersetzung, Anmerkungen*

D. Hamel, Der Fall Neaira: Die wahre Geschichte einer Hetäre im
antiken Griechenland. Darmstadt 2004 (engl. 2003) – *die derzeit beste Darstellung über Neaira*

K. Kapparis, Apollodoros "Against Neaira" [D. 59]. Berlin und
New York 1999 – *Text, engl. Übersetzung, Kommentar*

G.A. Lehmann, Demosthenes: Ein Leben für die Freiheit. München 2004 – *eine hervorragende Einführung in die Epoche*

A.T. Murray, Demosthenes VI: Private Orations L-LIX. Cam-
bridge/Mass. und London 1939 – *Text, engl. Übersetzung*

H.A. Pabst, Demosthenes, Werke, 18. Bändchen. Stuttgart 1841 –
einzige zuvor publizierte deutsche Übersetzung

U.E. Paoli, Die Geschichte der Neaira und andere Begebenheiten
aus der alten Welt. Bern 1953 (ital. 1947) – *Nacherzählung*

A.J. Patteson, Commentary on [Demosthenes] LIX: Against Ne-
aera. Diss. University of Pennsylvania 1978 – *Kommentar*

L. Pearson, Apollodorus, the Eleventh Attic Orator, in: L.Wallach
(Hg.), The Classical Tradition. Ithaca/N.Y. 1966, 347-359

W. Rennie, Demosthenis Orationes III. Oxford 1931 – *Text (hier
mit den oben S. 151 verzeichneten Änderungen zugrundegelegt)*

A.D. Schäfer, Demosthenes und seine Zeit. 3 Bde. 2. Aufl. Leipzig 1885-1887; zu Neaira s. die "Beilage" in Bd. 4, 1. Aufl.
Leipzig 1858, 179-184 (Nachdruck Hildesheim 1966-1967)

J. Trevett, Apollodoros the Son of Pasion. Oxford 1992 – *Biogra-
phie des Apollodoros*